dvb

John F. Kennedy

Das geheime Tagebuch

Europa 1937

Erstmals zusammen mit dem
Reisetagebuch von Lem Billings

herausgegeben von
Oliver Lubrich

das vergessene buch

1. Auflage 2021
Das vergessene Buch | www.dvb-verlag.at

Printed in Germany

FSC
www.fsc.org
MIX
Papier aus verantwortungsvollen Quellen
FSC® C083411

Umschlaggestaltung: Leandra Eibl, Wien
Satz: Kevin Mitrega, Schriftloesung
Druck und Bindung: CPI books, Leck

ISBN 978-3-903244-18-4

Inhalt

John F. Kennedy

Europäisches Tagebuch

Juli–September 1937

1.–7. Juli 1937
SS Washington

Sehr ruhige Überfahrt. Ziemlich langweilig die ersten Tage, dann jedoch ein paar Mädels aufgespürt – allen voran Ann Reed. Cocktails mit dem Kapitän getrunken, der Sir Thomas Lipton und somit Grandpa kannte. Am interessantesten waren General Hill und seine ziemlich geheimnisvolle Tochter. Er war Kongressabgeordneter, sie hätte alles Mögliche sein können. Der Kellner mit seinen Zuckerserviermaschinen ist ein ziemliches Problem. Aufgeblieben, um Irland zu sehen. Ankunft in Le Havre, zunächst Mont Saint-Michel angesteuert, dann nach Rouen gefahren.

7. Juli 1937 – Mittwoch
Rouen und Beauvais

Die Kathedrale von Rouen höchst eindrucksvoll. Wir kamen dort an, nachdem wir auf dem Weg nach Mont Saint-Michel kehrtgemacht hatten. Nach dem Mittagessen in Rouen fuhren wir weiter nach Beauvais, wo uns Höhe und Größe der Kathedrale tief beeindruckten. Übernachtung in einem kleinen Gasthof, wo wir zum ersten Mal den französischen Atem abbekamen. Abends auf ein Volksfest gegangen und dann ins Bett.

8. Juli 1937 – Donnerstag
Reims

Um 12 Uhr aufgestanden, Briefe geschrieben, Mittag gegessen, nach einigen Schwierigkeiten unser Geld bekommen und die Medikamente gegen Billings' »mal d'estomac«. Dann nach Soissons – den Chemin des Dames gesehen, eines der berühmten Schlachtfelder des Krieges. Auch die zerbombte Kathedrale angeschaut. Weiter nach Reims, dort die Kathedrale besichtigt und ins Hotel Majesty (1.00 [$] für das Doppelzimmer). Mein Französisch wird etwas besser, und Billings' Atem wird französisch. Früh ins Bett. Man scheint allgemein anzunehmen, dass es keinen neuen Krieg geben wird.

9. Juli 1937 – Freitag
Reims, Château Thierry und Paris

Gegen 10 Uhr aufgestanden. Die Kathedrale besichtigt und dann raus zum französischen Fort de la Pompelle – Schauplatz einiger der schlimmsten Schlachten des Krieges. Dann Mittagessen und Besichtigung der Champagner-Kellereien von Pompernay in den alten gallischen Kreidehöhlen. Sehr freundlicher Umgang. Unterhaltung mit dem Geschäftsführer bei einer Flasche Champagner aufs Haus. Wie es aussieht, mögen sie Roosevelt, aber seine Regierungsform würde in einem Land wie Frankreich nicht funktionieren, wo es anscheinend an der Fähigkeit mangelt, ein Problem als Ganzes zu betrachten. Blum mögen sie nicht, weil er ihnen ihr Geld wegnimmt und es anderen gibt. Das ist für einen Franzosen très mauvais. Allgemein glaubt man wohl, dass es in naher Zukunft keinen Krieg geben wird und dass Frankreich nur allzu gut auf Deutschland vorbereitet ist. Obendrein ist fraglich, ob das Bündnis zwischen Deutschland und Italien Bestand hat. Wir fuhren weiter zum Château Thierry und nahmen unterwegs zwei französische Offiziere mit. Kamen gegen acht in Paris an. Versehentlich auf Französisch einen der Offiziere zum Abendessen eingeladen, konnten ihn aber überreden, einen Teil der Rechnung zu übernehmen. Nach einigem Suchen schließlich ein recht günstiges Zimmer für die Nacht gefunden (35 Francs).

10. Juli 1937 – Samstag
Paris

Um 13 Uhr aufgewacht. Neue Unterkunft für 40 Francs gefunden. Haben uns jetzt angewöhnt, das Auto um die Ecke zu parken, damit es nicht so teuer wird. Ließen die Scheinwerfer reparieren und wurden erneut übers Ohr gehauen. Diese Franzosen versuchen bei jeder Gelegenheit, einen zu betrügen. Notre-Dame besichtigt und Paris angeschaut. Am Abend ins Moulin Rouge und ins Café des Artistes gegangen und einigen berühmten französischen Künstlern begegnet. Billings wollte früh zu Hause sein, kam aber nicht.

11. Juli 1937 – Sonntag
Paris

In die Kirche gegangen und dann, nach dem Mittagessen, raus nach Fontainebleau gefahren. Sehr interessant – aber nicht ganz das, was wir erwartet hatten, da alles sehr künstlich wirkt. Ziemlich überlaufen. Kennzeichen des Franzosen ist sein kohliger Mundgeruch und die Tatsache, dass es keine Badewannen gibt. Sei's drum, haben Kaugummi an die Fische verfüttert und gingen nach der Rückfahrt ins Kino und dann ins Bett. Tue mich mit den Eiern schwer, da etwas mit dem Herd nicht stimmt und man sie auf sechs Minuten bestellen muss.

12. Juli 1937 – Montag
Paris

Montagmorgen zu American Express gegangen und Pourtalis, Iselin ausfindig gemacht und endlich wieder Kontakt mit Ann Reed aufgenommen. War ein mieser Tag, darum nachmittags im Kino »The Good Earth« [»Die gute Erde«] angeschaut.

13. Juli 1937 – Dienstag
Paris

Früh aufgestanden und nach Notre-Dame gegangen, um Kardinal Pacelli zu hören. Unglaublich voll, aber ich hängte mich an eine Amtsperson und konnte so einen guten Platz dicht am Altar ergattern. Sehr beeindruckende Zeremonie, die drei Stunden dauerte. Billings musste hinten in der Kirche ausharren. Mittagessen mit C. Offie, Bullitts Sekretär, und dann Ausflug nach Versailles, was sehr beeindruckend war. Fanden die Stallungen und wurden öffentlich angebrüllt. Abends Ann Reed zu Maurice Chevalier ausgeführt, erinnerte mich stark an das Old Howard. Ein bisschen herumgelaufen und dann ins Bett.

14. Juli 1937 – Mittwoch
Paris

Lang geschlafen und nachmittags die Weltausstellung besucht. Ziemlich enttäuschend, aber die Flugzeuge waren ein voller Erfolg. Abendessen mit Pourtalis, Iselin, Ann

Semler etc. und dann den Menschenmengen zugesehen, wie sie auf den Straßen den 14. Juli feierten. Jonas in Harry's Bar getroffen und noch hier und dort reingeschaut. Alles scheint sich vor allem darum zu drehen, Champagner zu bestellen. Sehr unterhaltsamer Abend.

15. Juli 1937 – Donnerstag
Paris

Morgens rüber zu American Express gegangen und Bruce Lerner getroffen, der jetzt Schnurrbart trägt. Mittagessen mit Billings' Freunden aus Princeton, was recht interessant, aber teuer war. Nachmittags schnell durch den Louvre, den ich schon kannte. Abends noch einen Film geschaut und dann ins Bett gegangen. Einiges gelernt, wenngleich meine Kenntnisse ziemlich lückenhaft sind. Habe beschlossen, Gunthers »Inside Europe« zu lesen.

16. Juli 1937 – Freitag
Paris

Früh aufgestanden, nach einigem Fluchen, dann zu Napoleons Grab und durch den Invalidendom, der sehr interessant ist. Weiter zur Weltausstellung und auf den Eiffelturm raufgefahren, nachdem ich Billings endlich davon überzeugt hatte, dass das zu Fuß einen ziemlich langen Aufstieg bedeutet hätte. Nachmittags zur Conciergerie, in der Marie Antoinette gefangen gehalten wurde. Ziemlicher Gegensatz zu Versailles. Ging abends nochmal mit Ann Reed ins Kino, und Billings ging nach Hause.

17. Juli 1937 – Samstag
Paris, Chartres, Orléans

Endlich bereit, aus Paris abzureisen, nachdem wir unsere Fahrkarte für die President Harding, die, wie alle meinten, fürchterlich sein soll und neun Tage braucht, für die Washington umgetauscht haben. Werde dadurch zwei Tage zu spät ins Football Camp kommen, wobei es ohnehin so aussieht, als ob ich nicht spielen werde. Haben Jonas bei A. E. getroffen und sind dann nach Chartres aufgebrochen. Zwischenstopp in Versailles, um das Trianon zu besichtigen, wo wir sahen, was Marie Antoinette unter »einfachem Leben« verstand. Weiter nach Chartres – sehr beeindruckende Fenster, und abends fuhren wir nach Orléans, wo wir gegen 22 Uhr ankamen. – Mächtig Ärger im [Hotel] Montana.

18. Juli 1937 – Sonntag
Orléans, Chambord, Amboise

Gottesdienst in einer Kathedrale besucht und ein wenig herumgelaufen. Unglaublich, wie klein diese Stadt ist. Frankreich ist wirklich eine recht primitive Nation. Das Château von Chambord besichtigt, toller Anblick. Ein Jagdschloss mit Platz für 2000 Menschen. Das Dach ist angelegt wie ein Dorf – von Franz I. erbaut. Billings verlor sein Notizbuch und fing an zu jammern, konnte es aber mit Hilfe einer jungen Französin wiederfinden. Ein paar Engländer mitgenommen – einer von ihnen, Ward, ging aufs Trinity College in Cambridge. Er sagte, wir sollten seine »Witterung aufnehmen«, was zu diesem Zeitpunkt nicht schwer gewesen wäre. Roosevelt hielt er für den besten »Diktator«. In der Loire gebadet, die eine ganz schön starke Strömung hat, und dann weitergefahren. Besichtigten das Château in Blois und übernachteten in Amboise, um uns auch dort das Château anzusehen. Erinnerten uns an den Wachhund auf dem amerikanischen Ehrenfriedhof bei Château Thierry und beschlossen, in dieser Nacht lieber nicht hineinzugehen. Waren auf einem Volksfest und haben unseren Hund gewonnen. (Mutters Geburtstag.) Allee in Blois eindrucksvoll.

19. Juli 1937 – Montag
Amboise, Chenonceau, Angoulême

Nach dem Frühstück im Bett gegen zehn Uhr aufgestanden und das Château [Amboise] besichtigt, eine wirklich ungeheuer beeindruckende Festung. Sehr hohe Mauern, im Innern aber schön. Die Mauer der Verschwörer gesehen, an der 1500 gehängt wurden, und auch die Stelle, wo sich Karl VIII. den Kopf stieß und starb. Schließlich wurden wir vor die Tür gesetzt, dann weiter zum Schloss von Chenonceau, das im Wasser erbaut wurde und ebenfalls sehr beeindruckend ist. Hat uns von allen am besten gefallen. Fuhren durch nach Angoulême, über Tours und Poitiers, beide Städte wie ausgestorben, und übernachteten für 10 Francs pro Person.

20. Juli 1937 – Dienstag
Angoulême nach St. Jean-de-Luz

Abfahrt gegen elf Uhr. Gegen vierzehn Uhr zum Mittagessen eingekehrt. Hatten die üblichen Schwierigkeiten, unsere Reiseschecks einzulösen. Europa ist bei weitem nicht so touristenfreundlich, wie wir erwartet hatten. Sehr beeindruckt von den kleinen Bauernhöfen, an denen wir vorbeifuhren. Amerika weiß gar nicht, wie glücklich es sich schätzen kann. Die Menschen hier sind mit sehr wenig zufrieden, und sie haben auch nur sehr wenig, es ist also wirklich ein sehr biederes Land, zumindest außerhalb von Paris. Haben schließlich Pourtalis und Iselin getroffen. Ein Film und dann ins Bett – nach dem Club Cesari.

21. Juli 1937 – Mittwoch
St. Jean-de-Luz

Den ganzen Vormittag Briefe geschrieben und nachmittags am Strand gewesen. Abends ins Kino.

22. Juli 1937 – Donnerstag
St. Jean-de-Luz

Lange geschlafen. Nachmittags einem Pelota-Spiel zugesehen. Erinnerte mich an das Buch »Ramuntcho« [von Pierre Loti, 1897], in dem dieses Spiel erstmals beschrieben wird. Viel langsamer als Jai Alai, auch ein Spiel, das man mit Schlägern spielt. Schwimmen gegangen und dann am Abend, nach einer Cocktailparty bei den Wilsons, Boule gespielt – siebzig Francs verloren. Mit französischem Mädchen aus gewesen. Sehr strenge Sitten haben sie, verlangen eine Anstandsdame bis 21 oder so.

23. Juli 1937 – Freitag
St. Jean-de-Luz

Früh aufgestanden und runter an den Strand. Nachmittags Tennis, abends »The Plainsman« [»Held der Prärie«]. Gary Cooper und Indianer, die Französisch sprechen, sind das Eintrittsgeld wert.

24. Juli 1937 – Samstag
St. Jean-de-Luz

Von morgens bis nachmittags am Strand. Später nach Biarritz wegen Eintrittskarten für den Stierkampf.

Bin eher für die Regierung, nachdem ich jetzt Gunther lese, auch wenn St. Jean eine Rebellenhochburg ist. England lehnt Franco ab, damit das Mittelmeer kein faschistischer See wird. Frage, wie viel Einfluss Deutschland und Hitler haben. Russlands Position? Wie weit werden die Länder eingreifen, um ihrer Seite zum Sieg zu verhelfen? Welche Staatsform würde Franco haben? England und Deutschland?

25. Juli 1937 – Sonntag
St. Jean-de-Luz

Um zehn Uhr zum Hochamt in die Kirche, in der Ludwig XIV. Maria Theresia geheiratet hat. Sehr schön. Nach dem Mittagessen nach Biarritz – dann mit Wilson-Pourtalis-Iselin etc. runter zur spanischen Grenze gefahren und die Stadt Irún gesehen, die von den Rebellen bombardiert wurde. Geschichte von ausgehungertem Vater, der im Gefängnis eine Woche lang nichts zu essen bekam, dann ein Stück Fleisch erhielt, es aß – und schließlich den Leichnam seines Sohnes sah, aus dem ein Stück Fleisch herausgeschnitten war, stößt mich durchaus von der Regierung ab. Sie ist außerdem zu gespalten, um Spanien je zu vereinigen. England bewegt sich ein wenig auf Franco zu.

26. Juli 1937 – Montag
St. Jean-de-Luz

Stierkampf
Den ganzen Vormittag am Strand. Mrs. Mayer getroffen, die Frau des Gesandten in Haiti, die letzten Sommer Mutter und Kick in Berlin kennengelernt hat. Nachmittags zum Stierkampf gegangen. Sehr interessant, aber sehr grausam, besonders als der Stier das Pferd aufspießte. Glaube jetzt all die Gräuelgeschichten, da diese Südländer, etwa diese Franzosen und Spanier, Grausamkeiten regelrecht genießen. Am lustigsten fanden sie es, als das

Pferd mit heraushängenden Gedärmen aus der Arena lief. Später ein paar Lanzen zu je 20 Cent gekauft.

27. Juli 1937 – Dienstag
Lourdes – Toulouse

Nach einiger Aufregung Abschied von Pourtalis und Aufbruch nach Marseille. Zwischenstopp, um uns Lourdes anzusehen, die Grotte, wo der Heiligen Bernadette die Jungfrau erschien – und wo heute tausende Kranke auf Heilung hoffen. Sehr interessant, allerdings ging die Sache wohl nach hinten los, da Billings nach der Abfahrt ziemlich krank wurde. Beschlossen, für die Nacht nach Toulouse zu fahren. Billings hat 103° [Fahrenheit = 39,5° Celsius] Fieber.

28. Juli 1937 – Mittwoch
Toulouse

Toulouse sehr heiß. Warten einen Tag ab, bis es dem armen alten Billings besser geht. Lese Gunther weiter. Jetzt nicht mehr so überzeugt von Francos Sieg. Zeigt, dass man von seinem Umfeld leicht beeinflusst werden kann, wenn man keine Ahnung hat, und wie leicht es ist, zu glauben, was man glauben will, so wie es die Leute in St. Jean tun. Das Wichtigste in der Frage des Sieges ist: Wie weit werden Deutschland, Italien und Russland gehen, um ihrer Seite zum Sieg zu verhelfen, wie ernst ist es dem Komitee für Nichteinmischung, und was kommt am Ende dabei heraus?

29. Juli 1937 – Donnerstag
Toulouse – Carcassonne – Cannes

Abfahrt aus Toulouse und Zwischenstopp in Carcassonne, einer mittelalterlichen Stadt in bestem Zustand – was man von Billings nicht gerade behaupten kann. Sehr interessant. Kamen gegen neun in Cannes an, nach 350 Meilen Fahrt, und gingen in ein ziemlich teures Hotel (35 Francs). Der Bedienungszuschlag beträgt 15 %, was der reinste Wucher ist. In Cannes scheint viel mehr los zu sein als in Biarritz. Bleiben hier, bis es dem »Invaliden« wieder gut geht. Ein ganz anderes Frankreich hier als das bedauernswerte verarmte Frankreich, durch das wir gefahren sind.

30. Juli 1937 – Freitag
Cannes

Vormittags schwimmen gegangen. Ein schöner Strand. Nachmittags geschlafen. Am Abend ins Palm Beach Casino gegangen und versucht, mit den amerikanischen Mädels anzubandeln, aber ohne Erfolg. Anschließend ein bisschen umgesehen. Billings hatte eine Verabredung mit Simone Corsica.

31. Juli 1937 – Samstag
Cannes – Monte Carlo

Spät aufgewacht – nicht gerade munter. Etwa eine Stunde am Strand gedöst und dann los via Nizza nach Monte Carlo. Beim Saint Cassien hoch durch die Berge. Sehr schön. Übernachtung in Monte Carlo für 15 Francs. Abends »Ben Hur« im Kino gesehen. Wurde nicht ins Casino eingelassen, schaffte es aber in den Sporting Club. Habe meinen Gewinn wieder verloren, ihnen vorher aber einen ganz schönen Schrecken eingejagt. Sehr hübsch dort – genau genommen der geschmackvollste Nachtclub, den ich kenne.

1. August 1937 – Sonntag
Monte Carlo – Savona

In die Kirche und dann an den Strand. Schafften es sogar kostenlos. Dort Jane Kaufman getroffen, die sehr elegant war. Die ersten hübschen Ausländerinnen gesehen. Am Nachmittag mit großen Schwierigkeiten die Grenze nach Italien überquert. Ein paar Hotelgutscheine gekauft. Die Straßen in Italien sind viel voller und belebter als in

Frankreich, und das ganze Volk wirkt attraktiver. Der Faschismus scheint ihnen gutzutun.

2. August 1937 – Montag
Savona – Genua – Mailand

Nach einigem Ärger wegen unserer Hotelrechnung los via Genua nach Mailand. Übernachtung in einem Hotel mit faschistischem Besitzer, der in Abessinien gewesen war, das, wie er meint, leicht zu erobern, aber unangenehm war. Sehr beeindruckt von der Intelligenz einiger Kinder in Bobbys Alter und davon, wie straff organisiert sie alle wirken. Überall Mussolini-Bilder. Wie lange kann er sich ohne Geld halten, und wird er kämpfen, wenn er pleitegeht? Wenn nicht, kann ich mir nicht vorstellen, wie es bis 1945 oder 50 zum Krieg kommen kann. Auto im Kirchhof eingeschlossen.

3. August 1937 – Dienstag
Mailand – Piacenza

Lange geschlafen und nachmittags eine American-Express-Tour durch Mailand unternommen. Schöne Kathedrale, eine der größten der Welt.* Es liegt dort ein Kardinal

* Größte Fenster – 1 Gruppe – 35 Yards [30 Meter].

mit jeder Menge Schmuck von Cellini etc. begraben. Sein Skelett wird alle 100 Jahre im Glassarg durch die Stadt getragen. Das letzte Mal, 1910, ging ein Teil des Glases kaputt, und sein Schädel verfärbte sich schwarz. Leonardo da Vincis »Letztes Abendmahl« gesehen. Billings hat es geschafft, mich verbotenerweise auf dem Friedhof zu fotografieren, kam aber mit dem Verschluss nicht klar. Dafür habe ich dann vergessen, richtig auszulösen, als ich ihn in der Kathedrale vor der Linse hatte. Wir haben also zwei gute mehr für unsere Sammlung. Fuhren weiter nach Piacenza. Habe Gunther fertig gelesen und komme zu dem Schluss, dass Faschismus das Richtige ist für Deutschland und Italien, Kommunismus für Russland und Demokratie für Amerika und England. Fand Gunthers Buch sehr interessant, er scheint allerdings für den Sozialismus und Kommunismus eingenommen zu sein und den Faschismus entschieden abzulehnen. Was sind die Übel des Faschismus im Vergleich mit dem Kommunismus?

4. August 1937 – Mittwoch
Piacenza – Pisa

Fast nicht entkommen, da Billings beschuldigt wurde, Madames Handtuch zerrissen und die eine Hälfte auf dem Schreibtisch, die andere in der Toilette liegen gelassen zu haben. Großer Menschenauflauf und viel Gefluche auf Italienisch. Auf dem Weg nach Pisa einen jungen Deutschen mitgenommen, Martin. Sehr interessant, da er gegen die Nationalsozialisten und gegen Hitler war. Er erzählte uns von den vielen Übergriffen, unter denen sie zu leiden haben. Erzählte uns von dem Radiosender aus Russland, der den Deutschen drei Wochen im Voraus sagte, dass sie Lebensmittelkarten für Butter bekommen würden. Erzählte uns, wie sehr die Deutschen die Russen hassten. Sieht so aus, als würde der nächste Krieg aus dieser Richtung kommen, besonders da sich England und das übrige Europa von Russland zu distanzieren scheinen. Den Turm von Pisa besichtigt – und das Baptisterium mit seinem Echo, das wie eine Orgel klingt, und dann weiter in Richtung Rom, hielten in einer kleinen Stadt etwa 150 Kilometer davor.

5. August 1937 – Donnerstag
Rom

Martin und Krause – unseren anderen deutschen Mitfahrer – »geweckt«, nachdem sie die ganze Nacht im Auto verbracht hatten. Abfahrt nach Rom. Es ist verblüffend, mit wie wenig sie auskommen. Martin hatte am Tag zuvor ein paar Tomaten und etwas Brot zum Abendessen für eineinhalb Lire. Beschlossen, schwimmen zu gehen, und das war beinahe unser Ende, weil wir mehr als zwei Stunden brauchten, um das Auto aus dem Sand und wieder

Luft in die Reifen zu bekommen. Erreichten Rom gegen halb sechs und gingen zu American Express, wo ich ein Telegramm von Dad erhielt und erfuhr, dass Mutter und Joe zusammen mit Kick auf dem Weg nach Europa sind. Setzten Martin und Krause ab und suchten uns dann ein Hotel. Abends ins Kolosseum »geschlichen«, das voller Menschen war. Sehr beeindruckend im Mondschein.

6. August 1937 – Freitag
Rom

Gegen neun aufgestanden – aber bis ich meine Schuhe hatte »polieren« lassen, was etwa 35 Minuten dauerte, war es schon nach elf, als wir bei Galeazzi ankamen, der dann nicht mehr da war. Versuchten es bei Cortesi – Korrespondent der New York Times. Er war auch nicht da, ebenso wenig wie Mr. Phillips, hatten aber wenigstens das Glück, Mr. Reed anzutreffen, Botschaftsrat – sehr einnehmender Bursche. Am Nachmittag Engelsburg (Grabmal Hadrians), Pantheon, Kolosseum, Forum besichtigt – komme zu dem Schluss, dass die Italiener das neugierigste Volk auf Erden sind – sie stecken ihre Nase in alles – und sei es nur, dass Billings sich selbige putzt. Galeazzi rief spät an und murmelte etwas von einer Audienz.

7. August 1937 – Samstag
Rom

Früh los zu Galeazzi, ihn angetroffen und erfahren, dass wir eine Audienz haben werden. In seine Wohnung gegangen und die drei Nichten von Bischof Spellman kennengelernt. In Galeazzis Auto zur Sommerresidenz des Papstes gefahren. Zunächst eine Privataudienz bei Kardinal Pacelli, der sich nach Mutter und Dad erkundigte. Er ist wirklich ein großer Mann, auch wenn sein Englisch eher dürftig ist. Anschließend eine Audienz beim Papst zusammen mit tausend anderen in einem brechend vollen Saal. Er sah sehr krank aus, hielt aber eine lange Rede. Danach Mittagessen und dann weiter nach Tivoli, um uns die Wasserspiele anzusehen, die unglaublich sind. Am außergewöhnlichsten ist der Brunnen, der mit dem Wasser, das durch ihn hindurchrauscht, Musik macht. Dann fuhren wir zurück nach Rom und aßen bei Galeazzi zu Abend. Er hielt mir einen Vortrag über die Vorzüge des Faschismus, und es schien tatsächlich etwas dran zu sein, besonders am Korporatismus, der offenbar wirklich ein interessanter Schritt nach vorn ist.

8. August 1937 – Sonntag
Rom – Neapel – Vesuv – Pompeji

Gottesdienst im Petersdom besucht, was unheimlich beeindruckend war, da es mit Abstand das schönste Gebäude ist, das wir bis jetzt gesehen haben. Danach direkt weiter nach Neapel, wo wir gegen zwei ankamen. Gleich erstmal 26 Lire für die Autostrada gezahlt und erfahren, dass es nur eine Möglichkeit gibt, Pompeji zu besichtigen: sich hineinschleichen – was wir auch taten. Weiter zum Vesuv und unterwegs zwei deutsche Soldaten mitgenommen. Der Wagen ächzte und quälte sich zum Gipfel hinauf. Inzwischen war es dunkel, und der Vesuv, der alle paar Minuten kleine Eruptionen ausstieß, war sehr beeindruckend. Machten dort oben ein paar Bilder und traten dann zusammen mit unserem Reiseführer, der sich als Dorf-Charmeur entpuppte, den Rückweg an. Mussten auf der Autostrada rasen, da wir unser Ticket verloren hatten, was ziemlich aufregend war. Schafften es spätabends noch, ein Zimmer zu bekommen; nach längerem Händchenhalten mit einem sehr unattraktiven Zimmermädchen bekamen wir sogar ein gutes Zimmer – müde, aber glücklich.

9. August 1937 – Montag

Capri – Rom

Abfahrt nach Capri nach einigem Herumgerenne auf der Suche nach Geld, das wir uns schließlich von den Deutschen liehen, die ebenfalls unterwegs waren. Zur Blauen Grotte gefahren, einer Höhle unter Wasser, herrlich blau – wenn auch nicht herrlich und blau genug für die 30 Lire, die wir schließlich zusammenkratzten. In Capri, das sehr hübsch ist, unseren Anteil an Kästchen erstanden und dann nach Hause aufgebrochen – nach Rom, unserem Ziel, wo wir gegen zwei Uhr ankamen, mit den Deutschen auf dem Rücksitz.

10. August 1937 – Dienstag

Rom

Morgens zu Express gegangen und von Eunice, Torb und Olive gehört. Am Nachmittag Mr. Cortesi getroffen – den N. Y. Times-Mann in Rom. Er war sehr interessant und brachte ein paar sehr gute Argumente vor. Schien das Komitee für Nichteinmischung für ein Sicherheitsventil zu halten, das derzeit allerdings nicht viel nütze, weil keines der Länder seine Truppen würde zurückrufen wollen – besonders die Roten nicht, da die meisten ihrer Freiwilligen aus allen Teilen der Welt kamen. Dass Italien seine Truppen abziehen würde, sei ebenfalls unwahrscheinlich. Sagte, dass nur wenige Deutsche in Spanien seien. Ein Krieg schien ihm unwahrscheinlich, da es genug Vorwände dafür gegeben habe, wenn irgendwer ihn wirklich gewollt hätte. Erklärte auch Mussolinis Aussage zum Krieg – die schlicht die lateinische Version dessen war, was England zum Frieden und zur Wiederaufrüstung sagte. Sagte, der Faschismus sei den Arbeitern gegenüber nicht ungerecht, sie hätten unter ihm sogar viele Vorteile. Großer Befürworter des Korporatismus. Er sagte, Kriegsgefahr bestünde hauptsächlich dann, wenn man Italien oder Deutschland dazu zwingen würde, Farbe zu bekennen – besonders Deutschland, denn Italien müsse Äthiopien verdauen. Faschismus ist für ihn durch und durch Sozialismus. Sagte, Europa sei jetzt zu gut auf einen Krieg vorbereitet – im Unterschied zu 1914.

Am Abend ein paar Verabredungen, die ganz gut liefen. Sehr hübsche Mädchen, auch wenn es bisweilen hinderlich war, dass wir kein Italienisch sprechen. Billings zeigte ein paar italienische Zaubertricks, die man sich merken sollte, und wir gingen müde, aber glücklich ins Bett!

11. August 1937 – Mittwoch
Rom

Mit Mr. Conti durchs Vatikanische Museum gegangen, obwohl wir nicht wirklich munter waren. Erledigten das in einer Stunde. Mittagessen gegangen und Billings' Mädchen getroffen, das Fahrgeld brauchte. Das ging eine ganze Weile, und der Lemmer war ein wenig verärgert, was verständlich war. Sahen uns am Nachmittag mehrere Kirchen an – San Giovanni in Laterano auf Knien –, die Stufen, die Jesus hinuntergegangen war. Besichtigten die Katakomben und erfuhren von weiteren Wundern – vom Heiligen Lukas und Petrus' Kopf.

12. August 1937 – Donnerstag
Rom – Florenz

Abfahrt nach Florenz gegen zwölf Uhr, zuvor heftige Reibereien mit dem schielenden Besitzer, der sich als unglaublicher Gauner entpuppte, obwohl er ein »Italiener und Gentleman« war. Schafften es, ca. 60 Lire zu sparen, mussten Rom aber unter dem üblichen Portiers-Gefluche verlassen. Kamen spät in Florenz an und übernachteten im bisher besten Hotel unserer Reise.

13. August 1937 – Freitag
Florenz – Venedig

Vormittags Florenz besichtigt, ziemlich enttäuscht, dafür von Michelangelos David sehr beeindruckt. Am Nachmittag weiter nach Venedig und sehr beeindruckt von den

Kanälen, von denen es viel mehr gibt, als wir erwartet hatten. Wieder einmal zahlten wir 25 Lire für unser Zimmer, während die Deutschen ihres für acht bekamen. Muss mir ein paar kurze Hosen kaufen.

14. August 1937 – Samstag
Venedig

Morgens rüber an den Excelsior-Strand auf dem Lido, Barbara Hutton und Al Lerner getroffen, allerdings nicht zusammen. Dann zufällig Joe und Elie Hoguet getroffen und abends mit ihnen gegessen. Sehr beeindruckt von der Piazza San Marco, die wirklich unglaublich ist. Haben langsam genug von Spaghetti. Festgestellt, dass die Hoguets viel, viel billiger wohnen als wir. Schliefen wieder mal schlecht wegen der Mücken; von unserem Netz scheinen sie regelrecht eingefangen zu werden.

15. August 1937 – Sonntag
Venedig

Nach einigen Schwierigkeiten zur Messe in San Marco – dann rüber auf den Lido, wo uns Al Lerners Strandhütte gute Dienste erwies. Saßen mit den Hoguets, Dumpling und Harrison am Kai, gingen dann in die American Bar, und Billings bekam endlich sein Bild mit den

Tauben. Abendessen mit den Hoguets etc. und das Konzert auf dem Platz angehört. Gondel gefahren, was sehr romantisch hätte sein können, wenn Billings nicht wie üblich einen flotten Dreier daraus gemacht hätte. Billings verbittet sich diese vollkommen ungerechtfertigte Behauptung, da sich stets Kennedy dazwischengedrängt hätte.

16. August 1937 – Montag
Venedig nach Innsbruck

Wegen des Regens entschieden, nach München abzureisen. Gabelten ein Spaßbündel auf, das wir zusammen mit Heinz mitnahmen, und machten uns auf den Weg. Anstrengende Fahrt, und als wir den Brenner erreichten, war es ziemlich kalt. Die Österreicher beeindruckten uns sehr, weil sie so ganz anders waren als die Italiener. Übernachtung in Innsbruck in einer Jugendherberge – sehr zum Missfallen von Her Ladyship. Mit 40 anderen in einer Kammer zu schlafen, war alles andere als angenehm, und es gilt als verpönt, ein Bad zu nehmen.

17. August 1937 – Dienstag
Innsbruck – München

Früh abgereist, wenn auch unfreiwillig. Her Ladyship erklärte, dass Ihre Nacht alles andere als angenehm gewesen sei. Brachen über die Alpen nach Deutschland auf, rangen vorher Johanna noch Geld ab, die sehr verärgert war. Zwischenstopp in Garmisch, wo die Olympischen Spiele stattgefunden hatten, dann nach Oberammergau, wo ich den Christus sah – Anton Lang. Kamen gegen acht in München an und gingen gleich ins Hofbräuhaus, was sehr interessant war. Hitler scheint hier so beliebt zu sein wie Mussolini in Italien, wenngleich Propaganda wohl seine stärkste Waffe ist.

18. August 1937 – Mittwoch
München

Spät aufgestanden, nicht gerade frisch. Mit dem Besitzer unterhalten, der überzeugter Anhänger Hitlers ist. Es besteht kein Zweifel, dass diese Diktatoren im eigenen Land aufgrund ihrer wirkungsvollen Propaganda beliebter sind als außerhalb. Am Nachmittag das Deutsche Museum besucht, das unglaublich interessant ist, da hier die Arbeitsabläufe im Bergbau und die Entwicklung der Luftfahrt etc. dargestellt sind. Ein großartiges Werk, das den deutschen Sinn fürs Detail zeigt. Am Abend zum zweiten Mal

»Swing High, Swing Low« gesehen und diesmal noch besser gefunden als beim ersten Mal – wahrscheinlich weil wir schon länger nicht mehr im Kino waren. Zurück am Auto eine Nachricht von Pourtalis und Iselin gefunden und sie im Hofbräuhaus getroffen zusammen mit Ann Hollister und Joe Garrety aus Harvard. In einen Münchener Nachtclub gegangen, der ein wenig speziell war.

19. August 1937 – Donnerstag
München – Nürnberg

Unter den üblichen Verwünschungen und dem Hinweis, dass wir keine Gentlemen seien, verließen wir die Pension Bristol und gingen zu American Express. Trafen dort Pourtalis und Iselin – abgebrannt, liehen ihnen 20.00 und brachen dann nach Nürnberg auf. Hielten unterwegs und kauften für 8.00 »Offie«, einen wunderschönen Dackel, als Geschenk für Olive. Bekam sofort eine Allergie etc., die Chancen stehen also in etwa 1:8, dass Offie es bis nach Amerika schafft.

20. August 1937 – Freitag
Nürnberg – Württemberg

Aufbruch wie üblich, mit der Ausnahme, dass wir diesmal das zusätzliche Vergnügen hatten, bespuckt zu werden.

Machten wegen der Kälte kurz vor Frankfurt halt. Offie ist ein ziemliches Problem, denn wenn er muss – muss er.

21. August 1937 – Samstag
Württemberg – Köln

Abfahrt nach Köln über Frankfurt, wo wir anhielten, um nach weiteren Dackeln zu schauen, weil Offie so süß ist. Hatten aber kein Glück, fuhren also weiter den Rhein entlang. Sehr schön, da an der Strecke viele Burgen liegen. Die Städte sind alle sehr reizend, was zeigt, dass die nordischen Rassen den romanischen gewiss überlegen zu sein scheinen. Die Deutschen sind einfach zu gut – deshalb schließt man sich gegen sie zusammen, um sich zu schützen …

22. August 1937 – Sonntag
Köln – Amsterdam

Aufgestanden am bisher schlimmsten Tag und uns wohl zum ersten Mal im Guten von der Wirtin getrennt. Die Frauen scheinen anständiger zu sein – so erstaunlich das klingen mag. Die Messe im Dom besucht, ein Glanzstück gotischer Architektur. Wirklich die schönste Kathedrale, die wir bisher gesehen haben. Von dort weiter nach Utrecht über eine der neuen Autobahnen, das sind die besten Straßen der Welt. In Deutschland allerdings unnötig, da hier kaum Verkehr ist, in den USA dagegen wären sie großartig, da es keine Geschwindigkeitsbegrenzung gibt. Nach weiteren Hunden Ausschau gehalten und dann die Grenze nach Holland überquert, wo alle aussehen wie Juliana und Bernhard. Straßengebühr wird hier bei der Einfahrt bezahlt, nicht auf das Benzin draufgeschlagen, was ich für eine sehr gute Idee halte, da dadurch das Benzin viel billiger ist und das Reisen billiger wird, zumindest für Touristen. Hat vermutlich damit zu tun, dass das Land so klein ist. In Doorn angehalten und geschaut, wo der Kaiser lebt, allerdings ist das Gelände vollständig umgeben von Stacheldraht. Weiterfahrt nach Amsterdam, wo wir für zwei Gulden übernachteten.

23. August 1937 – Montag
Amsterdam – Den Haag

Aufgestanden und uns nach einem weiteren Dackel umgesehen, waren sogar auf dem Hundemarkt – ohne Erfolg. Dann das Museum besucht und Rembrandts berühmte »Nachtwache« angeschaut, die eine wirklich interessante Geschichte hat. Am Nachmittag einen Test machen lassen, um herauszufinden, ob die Allergie an Dunker lag. Sah danach aus. Dann Abfahrt nach Den Haag, wo wir günstig übernachteten, weil wir kein Geld mehr hatten.

24. August 1937 – Dienstag
Den Haag – Antwerpen

Aufgestanden und zu American Express gegangen, wo wir einen Mann trafen, der an unserem Hund interessiert war. Entschieden, die Sache zu überdenken – aber vorher besichtigten wir Den Haag, was ziemlich langweilig war, unter der Führung eines dieser studentischen Touristenführer, die das kostenlos machen. Verkauften den Hund für fünf Gulden und fuhren dann weiter nach Antwerpen, wo ich ein »R-Gespräch« mit Mutter führte, das mich trotzdem 60 Francs kostete. Ich sollte mein Französisch aufbessern.

25. August 1937 – Mittwoch
Gent – London

Verließen Gent, wo wir übernachtet hatten, und fuhren nach Ostende an den Strand, wofür es viel zu kalt war – fuhren also weiter nach Calais, wo wir feststellen mussten, dass wir die Fähre verpasst hatten. Hatten noch fünf Minuten, um das Postschiff zu kriegen, kamen aber zehn Sekunden zu spät aufgrund eines Missverständnisses mit Billings wegen des Passes, obwohl Billings noch einen Spurt hinlegte, den er dringend nötig hatte. Fuhren nach Boulogne, und von dort nahm ich das Postschiff, da ich Joe und Kick sehen wollte, bevor sie aus

London abreisten. Billings blieb mit dem Auto zurück. Kam mit einem Mr. Naylor in London an, der Grandpa kannte, und machte mich auf die Suche nach Kick, Joe und Scotie Schriber und Freddie Cosgrove, der bei Kick war. Er gab mir eine Adresse, wo ich übernachten konnte.

26. August 1937 – Donnerstag
London

Mittagessen mit Doug Wilkinson und Mr. Harrison im Savoy und dann Bummeln mit Kick. Joe war gekommen, um Harold Laski zu sehen. Billings getroffen und dann zu unserer Unterkunft am Talbot Square 17 gegangen, die uns sehr gut gefiel. Abends lud uns Kick ein in »French Withouth Tears« [Theaterstück von Terence Rattigan, 1936] – eine sehr gute Idee. Trafen zufällig Indre Gardiner und Colter – Sam Merrills Zimmergenossen. Gingen dann ins Dorchester House.

27. August 1937 – Freitag
London

Früh aufgestanden – gerade noch den Zug nach Southampton erwischt, den Joe und Kick nahmen. Mutter am Schiff getroffen und mir eine ordentliche Portion Pralinen und Tomatensaft gegönnt. Zurück in London Ausschlag bekommen. Ging nach Hause, fühlte mich verdammt schlecht.

28. August 1937 – Samstag
London

Immer noch krank – sehr schlimme Nacht gehabt. Billings trieb einen »tollen« Arzt auf, der wissen wollte, ob ich die Schokolade und den Tomatensaft in einem großen Glas vermischt hätte. Konnte ihn schließlich vom Gegenteil überzeugen. Arzt gewechselt.

29. August 1937 – Sonntag
London

Immer noch Ausschlag. Neuer Arzt wegen des Ausschlags, Blutbild ist bei 4000.

29. August 1937 – Sonntag
London

Ausschlag besser und neuer Arzt. Blambo in der Stadt eingetroffen. Boxkampf Tommy Farr gegen Joe Louis angehört und sechs Schilling gewonnen dank der walisischen Naturgewalt. Blambos Freundin kennengelernt, die sehr unterhaltsam war.

30. August 1937 – Montag
London

Gut gefühlt, deshalb am späten Nachmittag aufgestanden und ein bisschen bummeln gegangen. Abends ins Kino.

31. August 1937 – Dienstag
London

Sir Paul Latham kontaktiert, der uns auf sein Schloss in [Herstmonceux] eingeladen hat.

1. September 1937 – Mittwoch
London – Herstmonceux Castle

Den ganzen Tag gebummelt, dann zu Sir Paul aufgebrochen. Fantastisch – großes Schloss mit schön eingerichteten Zimmern. Ein Raum ist 40 Yards [36 Meter] lang – ein Schlafzimmer. Abends Gans gegessen und bis um drei aufgeblieben. [...]

2. September 1937 – Donnerstag
Herstmonceux Castle

Beschlossen, am Abend abzureisen, doch je später es wurde, desto einladender wurde Herstmonceux, ein herrliches Anwesen. Dank Stanley, der scheuen Seele, und seinem sanften Zureden, brachen wir dann aber doch nach London auf und erwischten den 22:30-Uhr-Zug zu Sir James. Bekamen nur eine Decke und ein Kissen, da wir Dritte Klasse fuhren. Sehr unbequem.

3. September 1937 – Freitag
Kinross-shire

Gegen 8:30 Uhr in Ledlanet angekommen und den ganzen Vormittag mit Sir James geangelt. Das Auswerfen der Angel ist durchaus eine schwierige Angelegenheit, Sir James fing die meisten – während unsere alle ins Wasser zurückgeworfen werden mussten. Versuchten es am Nachmittag mit Hasen, ohne jeden Erfolg. Sehr gutes Essen hier – Schlafenszeit ist um 22 Uhr, und von da an ist es ziemlich gefährlich, noch im Haus herumzulaufen, weil Sir James sehr sparsam mit dem Strom umgeht.

1. Ist Mussolini jetzt beliebter als vor der Abessinien-Frage?

2. Wenn man die ausländischen Truppen abzöge, die am Krieg teilnehmen, welche Aussichten hätte Franco dann? Englands Ansicht?
3. Wenn Franco gewinnt, wie groß ist Mussolinis Einfluss? Und Hitlers? – Kann es zwischen diesen beiden Ländern zum Konflikt kommen?
4. Nimmt das Kriegsrisiko nicht ab, wenn Großbritannien stärker wird – oder neigt ein Land wie Italien dazu, in den Krieg zu ziehen, wenn wirtschaftliche Unzufriedenheit herrscht?

Würde Mussolini nicht verschwinden, wenn es Krieg gäbe – da Italien in einem größeren Krieg aller Wahrscheinlichkeit nach besiegt werden würde?

Wäre der Faschismus möglich in einem Land mit einer Vermögensverteilung wie in den USA?

Kann ein Bündnis zwischen Deutschland und Italien Bestand haben? Oder gibt es zu starke Interessenskonflikte – Österreich und Jugoslawien?

Frankreichs Position?
Russlands Position?

Gunther schreibt: »Der Faschismus, momentan mächtig, ist vielleicht die krampfhafte letzte Zuckung des kapitalistischen Zyklus, sodass der Faschismus lediglich das Vorspiel zum Kommunismus wäre.« Stimmt das?

John F. Kennedy in Chambord.

Kennedy erklimmt die Mauern von Carcassonne.

Kennedy in Cannes.

Billings in Cannes.

Kennedy an der französisch-italienischen Grenze.

Kennedy vor dem schiefen Turm von Pisa.

Kennedy im Dom zu Pisa.

Kennedy mit zwei deutschen Anhaltern.

Billings und Kennedy im Vatikan.

Perseus mit dem Haupt der Medusa, Florenz.

Der Raub der Polyxena, Florenz.

Kennedy füttert die Tauben auf der Piazza San Marco in Venedig.

Kennedy am Lido.

Kennedy jongliert.

richs

Kennedy und Billings mit Dackel »Offie« in Den Haag.

Den Haag.

Am Strand von Ostende.

Das Auto wird in Dover an Land gebracht.

Kennedy in London.

John F. Kennedys Reisetagebuch.

GOING

Date July 1, 1937

S. S.

Line S. S. Washington
United States Line

Captain's Autograph

PLACES VISITED

DATE August 20. Friday

PLACE Nurenberg - Wurtenberg

Started out as usual except this time we had the added attraction of being spitten on. Due to the cold stopped short of Frankfurt. Office is quite a problem because when he's got to go - he goes.

PLACES VISITED

DATE August 22 - Sunday

PLACE Cologne - Amsterdam

Got up in the worst day we've had yet and parted on good terms with the woman for a Mark the first time. The women seem to be the more honest - strange as it seems. Went to mass at the cathedral which is really the height in Gothic architecture - The most beautiful really of all we have seen. From there headed for Utrecht on one of the new autobahns that are the finest roads in the world. Really unnecessary though in Germany as the traffic is so small but

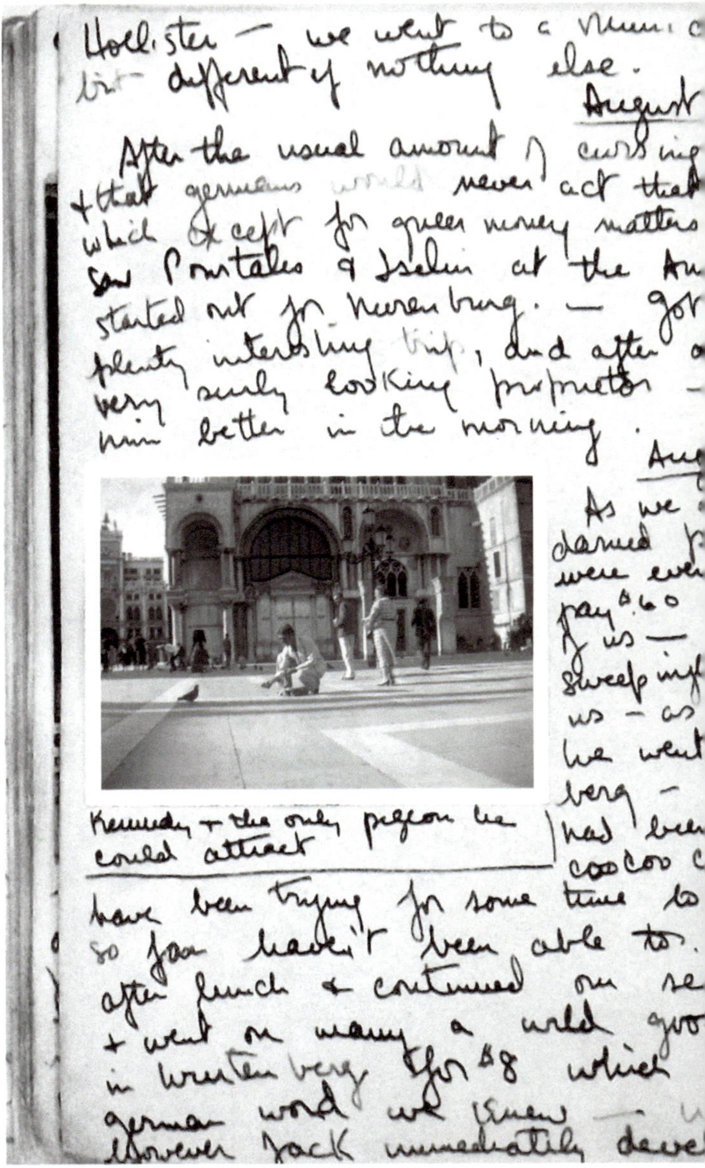
Hollister — we went to a
bit different of nothing else.
August
After the usual amount of cursing
+ that germans would never act that
which except for queer money matters
saw Pourtales & Iselin at the
started out for Nurenburg. — got
plenty interesting trip, and after a
very surly looking proprietor —
num better in the morning.
Aug
As we
damned
were even
pay .60
of us —
sweeping
us — as
we went
berg —
had been
coocoo
Kennedy + the only pigeon he could attract
have been trying for some time to
so far haven't been able to.
after lunch & continued on
+ went on many a wild
in Wurtenberg for $8 which
german word we knew —
However Jack immediately

Kirk LeMoyne Billings, Reisealbum 1937: Einträge aus Deutschland.

night club - which was certainly a

— Munich - Nurenberg

being told we were not gentlemen
ay we left the Pension Bristol -
ad been an awfully nice place. We
n Express also Harlon Swift. - Then
e drived late at night after a
f trouble found a hotel - with a
we felt would probably get to Kna

20 — Nurenberg - Wurtenberg

ed we did have trouble with that
ietor - in fact he was worse than we
epared for - because we refused to
e he was trying his best to gyp out
whole thing ended up by his
rowing us the door + then spitting on
got but - at least we think he did
a bit of a spending spree in Nuren-
of us bought cameras - as mine
tolen in Rome. Jack got a
, + some toys for his family. We
r a dachshound for Olive - but
left for ~~Nurenberg~~ Wurtenberg
all along the road for a dog
chase. — we finally bought one
named "Dunker" - after the only
tting him a thing of great beauty
l asthma + hay fever - so it

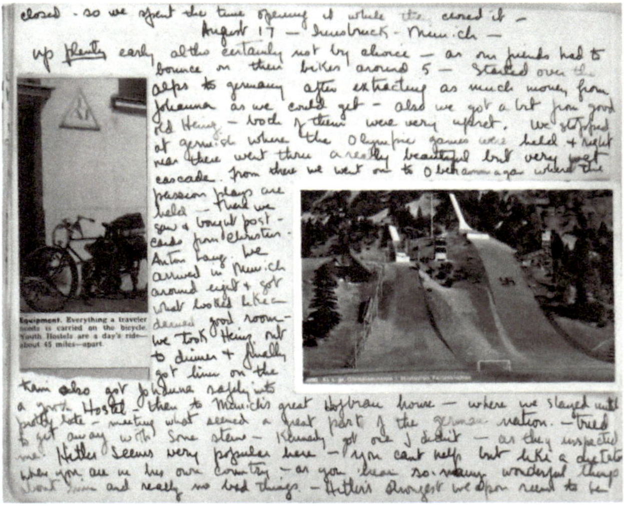

closed - so we spent the time opening it while they closed it -

August 17 — Innsbruck - Munich —

up plenty early altho certainly not by choice — as our friends had to bounce on their bikes around 5 — Started over the alps to germany after extracting as much money from Johanna as we could get - also we got a bit from good old Heinz - both of them were very upset. We stopped at garmisch where the Olympic games were held & right near there went thru a really beautiful but very wet cascade. from there we went on to Oberammergau where the passion plays are held — there we saw & bought post-cards from Christian Anton Lang. We arrived in Munich around eight & got what looked like a darned good room — we took Heinz out to dinner & finally got him on the train also got Johanna safely into a youth Hostel - then to Munich's great Hofbrau house — where we stayed until pretty late - meeting what seemed a great part of the german nation. - tried to get away with some steins - Kennedy got one I didn't — as they inspected me. Hitler seems very popular here — you cant help but like a dictator when you are in his own country - as you hear so many wonderful things about him and really no bad things. — Hitler's strongest weapon seems to be

Equipment. Everything a traveler needs is carried on the bicycle. Youth Hostels are a day's ride—about 45 miles—apart.

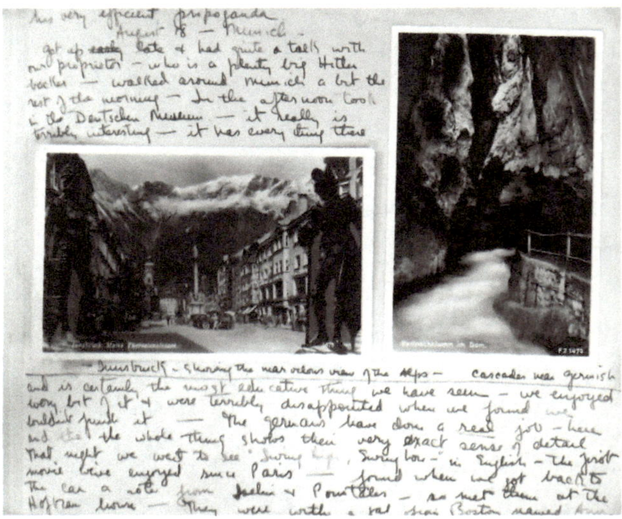

his very efficient propaganda

August 18 — Munich -

Got up ~~early~~ late & had quite a talk with our proprietor - who is a plenty big Hitler backer — walked around Munich a bit the rest of the morning — In the afternoon took in the Deutschen Museum — it really is terribly interesting — it has everything there

— Innsbruck - showing the marvelous view of the Alps — Cascade was garmisch

and is certainly the most educative thing we have seen - we enjoyed every bit of it & were terribly disappointed when we found we couldn't finish it — The germans have done a real job - here and the whole thing shows their very exact sense of detail That night we went to see "Swing high, Swing low" in English - the first movie we've enjoyed since Paris — found when we got back to the car a note from [illegible] & Pourtales - so met them at the Hofbrau house — They were with a gal from Boston named [illegible]

[illegible] ks like his chances of getting back to America are plenty slim. Our first night with him was a bit anxious — as we had to train him to stay in his bed — he learned very quickly — but one thing we can't train him — which makes him quite a problem — for when he's got to go he goes.

August 21 — Wurtenberg - Koln (Cologne)

Started out for Cologne by way of Frankfurt — we stopped all along the way trying to find another dachshound — as Dunker is so very attractive — we both want one to take care of — however we had absolutely no luck — (luckily) — so we continued our way up the Rhine. This trip is very beautiful — There are castles all along the way. — we didn't have time to stop and look at any of them — All these german towns are very attractive — clean + well planned out — this is certainly a great difference from the dirty little Italian towns, that we have gotten to dislike so much. The germans seem to do everything well — and their only trouble is that they are a little to conscious of it. — We arrived in Koln late — and after a great deal of trouble as the town was very crowded, we finally secured cheap rooms — however got a darned nice one

Interior of Koln Dom (Cathedral)

- Dunker - LeM + Dunker LeM + Dunker - Wurtenberg

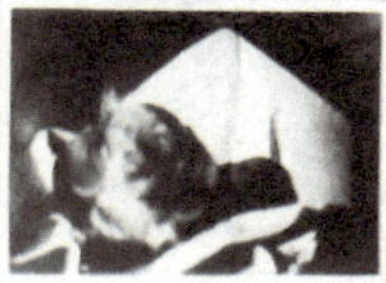

- Dunker -

August 22 — Koln - Amsterdam

Got up at 6 which is now my usual rising hour since we've acquired "Dunker" — as it is absolutely necessary to take him out then altho I admit it doesn't do an awful lot of good. The morning was really lousy — but we parted with our proprietor on extremely good terms. We went to mass in the Cathedral which is a wonderful example of gothic architecture at its absolute height. It is really the most beautiful cathedral we have seen and strangely enough we never heard any mention of it in Art 202. From Koln we headed for Utrecht on one of the auto strades — which are said to be the finest roads in the world. — They seem however absolutely unnecessary in Germany as there is very little traffic — however perhaps Hitler in building them has something up his sleeve + is planning to put them to use for military purposes. Went across the border into Holland, where we spent at least an hour at the border — every dutch woman has that Juliana look about her — heard immediately what a gay dog this Prince Bernhard is. We paid our gas tax before entering which seems to be a pretty sound idea. We stopped in at Doorn and saw where the Kaiser lives — at least we saw his body houses (?) — they are enormous — he certainly ain't living in poverty. We wasted a bit more time trying to buy another dachshound — but finally got to Amsterdam pretty late. Kennedy spends a great deal of his time juggling — so I finally took his picture during the process!

juggling Jack.

August 23 — Amsterdam - Hague

Up + immediately set out to find another Dunker — we even went so far as to look for one in the dog market — no luck (again luckily) — after lunch we went to the Amsterdam museum pictured on the opposite page — and saw there many Rembrandts among which were his famous "Night Watch" + his self portrait. Both of these pictures were of primary importance in Charles Laughton's movie Rembrandt — which made them darned interesting. The "Night Watch" has an especially interesting history. We had a guide who poled (?) it plenty. Jack went to a doctor + to find out about Dunker giving him hay fever — reports were plenty unfavorable for the Dunker + we were thinking

Billings und Kennedy in Scherenschnitten von der Pariser Weltausstellung.

»The Big Muss« – Ausschnitt aus dem Reisealbum von Lem Billings.

Kirk LeMoyne Billings

Reisealbum 1937

Gingen am 30. Juni an Board der S. S. Washington. Mutter, Onkel Ike, Florence Page, Blambo und Suekie brachten mich zum Schiff. Verschliefen die ersten Tage – hatten eine Innenkabine, sodass wir jegliches Zeitgefühl verloren. Die Überfahrt drohte zunächst ziemlich langweilig zu werden, zumindest was die Mitreisenden betraf. Bald jedoch eine recht nette Irin entdeckt – Eileen O'Connor. 30 beim Bingo gewonnen. Traf später eine Freundin von den Woods und Dan Coyle, Louise Berry. Kennedy war bei Ann Reid in guten Händen. Ein Mann namens General Hill und seine ziemlich geheimnisvolle Tochter hielten die Partys am Laufen. Er war Kongressabgeordneter, sie hätte alles Mögliche sein können. Viele Harvardianer an Board – darunter der alte Choatie Crimmius – eine lustige Runde also. Wir blieben die ganze Nacht auf, um Irland zu sehen. Gelohnt hat es sich nicht, da wir deshalb den ganzen nächsten Tag verschliefen. Die Überfahrt war sehr ruhig, konnte meinen Magen also nicht auf die Probe stellen, was mir aber genauso recht war, da das Essen fantastisch war. Unser Kellner war Kommunist, der nie lächelte, nur einmal, als das Schiff in Irland aufgehalten wurde und er erfuhr, dass die Reederei mehr als 1000 Dollar zahlen musste. Da kugelte er sich vor Lachen. Wir erreichten Le Havre am 7. Juli. Und nachdem wir mitansehen hatten müssen, wie der gesamte Kotflügel von Jacks Auto zerkratzt wurde, während es vom Schiff geladen wurde, begannen wir unsere Reise.

7. Juli – Rouen und Beauvais

Heute haben wir einen ersten Eindruck von den Franzosen bekommen. Es hat Spaß gemacht, unser äußerst zweifelhaftes Französisch einfach an ihnen auszuprobieren. Sofort beeindruckt von den französischen Bauernhäusern. Sie sehen so ganz anders aus als sämtliche Gebäude in Amerika. Unsere Reise durch das Land der Kathedralen begannen wir in Rouen. Der Besuch unserer ersten Kathedrale dort beeindruckte uns sehr. Ich freute mich besonders, das Gebäude zu sehen, dessentwegen ich praktisch durch die Kunstabschlussprüfung geflogen bin. Wir haben auch den Butterturm besichtigt, der von den Einwohnern von Rouen durch die Buttersteuer finanziert wurde. Ich frage mich allerdings, wie da viel zusammenkommen konnte, da Butter hier so rar ist wie Gold. Ein weiteres Dauerthema aus Kunst 202, die Kirche St. Maclou, ist ebenfalls in Rouen. Wir hatten in Rouen unsere erste Auseinandersetzung mit ausländischem Essen. Wir aßen reichlich, trotz der lauwarmen gekochten Milch. Wir kamen recht spät in Beauvais an, fanden aber einen kleinen französischen Gasthof, wo man Englisch mit uns sprach und uns der Atem der Wirtin schier aus dem Haus trieb. Der Kirchenraum von Beauvais ist genauso beeindruckend, wie wir gehört hatten. Das Gebäude ist unvorstellbar hoch. Es ist unbegreiflich, wie die alten Franzosen so etwas planen und bauen konnten, da die Franzosen von heute den Eindruck machen, als seien sie vollkommen außerstande, überhaupt irgendetwas zu bauen. Wir waren gleichermaßen beeindruckt von der sehr interessanten Uhr, die sich in der Kathedrale befindet. Sie muss nur alle hundert Jahre aufgezogen werden. Am Abend waren wir auf einem Volksfest und haben unsere ersten französischen Soldaten gesehen. Es waren Hunderte. Frankreich scheint, was seine Armee betrifft, ziemlich gut vorbereitet zu sein.

8. Juli – Soissons – Reims

Spät aufgestanden und festgestellt, dass Kennedy Medikamente braucht. Nach einigem Hin und Her mit der Inhaberin einer Apotheke in Beauvais schließlich welche bekommen. Wir fuhren nach Soissons, wo wir uns den Chemin des Dames ansahen, eines der berühmtesten Schlachtfelder des Krieges. Heute wirkt er natürlich nur noch wie ein sehr friedlicher, beackerter Landstrich. Unterhielten uns darüber länger mit zwei französischen Bauern, doch weder die Bauern noch wir hatten viel von diesem Gespräch. Wir hielten an einer Kathedrale, die von den Deutschen bombardiert worden war, und sahen das Loch, in dem sich 2000 französische Bauern versteckt hatten. Der Kirchenführer erklärte uns stolz, dass seine Mutter sie mit gepökeltem Rindfleisch versorgt hatte. Wir lernten sie später kennen, sie schien seit dem Krieg nichts als Knoblauch gegessen zu haben. Wie alle Franzosen, mit denen wir uns unterhalten, schien auch der Kirchenführer davon überzeugt zu sein, dass es sehr lange Zeit keinen neuen Krieg geben wird, und falls doch, wäre Frankreich gut genug vorbereitet, zumindest um es Deutschland zu zeigen. Ich bin gespannt, ob es in Deutschland genauso von Soldaten wimmelt wie in Frankreich. Wir kamen recht spät in Reims an, fanden ein Zimmer in einem kleinen Gasthof und kämpften weiter mit der französischen Sprache. Immerhin scheinen wir die wichtigsten Wörter zu behalten. Ein Nachtleben in Reims gab es nicht, daher gingen wir früh ins Bett.

9. Juli – Reims – Schloss Thierry – Paris

Ziemlich früh aufgestanden und die Kathedrale besichtigt, fanden sie unglaublich schön. Ihre Fassade ist außergewöhnlich. Allerdings wurde die Kathedrale von den Deutschen beschossen, und die Fassade ist größtenteils beschädigt. Haben unter der Statue von Jeanne d'Arc ein paar ungewöhnliche Bilder gemacht, aber sie wurden nichts. Wir fuhren hinaus ins französische Fort Pompernelle, Schauplatz einiger der schlimmsten Schlachten des Krieges. Es war unheimlich interessant, da es kaum beschädigt ist. Einmal wurde es von den Deutschen eingenommen. Nach dem Mittagessen besichtigten wir die Champagner-Kellereien von Pomperney. Sie befinden sich in alten gallischen Kreidehöhlen. Viele Franzosen versteckten sich hier während des Krieges. Wir wurden zu einer Flasche Champagner eingeladen, und Jack führte ein langes politisches Gespräch – großer Lacher – mit dem Englisch sprechenden Geschäftsführer. Von dort fuhren wir weiter zum Schloss Thierry und nahmen zwei französische Offiziere mit. Wir besichtigten das Amerikanische Ehrenmal, das schönste, im Grunde das einzige moderne Bauwerk in Frankreich. Wir fuhren auch zum Amerikanischen Friedhof, wo wir, nachdem wir über das verschlossene Tor geklettert waren, beinahe von einem Wachhund in Stücke gerissen wurden. Wir kamen schließlich gegen acht in Paris an. Einer der Soldaten dachte, wir hätten ihn zum Abendessen eingeladen. Es wurde ziemlich peinlich, als die Rechnung kam. Nach einigem Suchen fanden wir schließlich ein nicht sonderlich gutes Zimmer und ließen uns für unsere erste Nacht in Paris nieder.

10. Juli – Paris

Sehr spät aufgestanden. Wurden aus unserer ersten Unterkunft hinausgeworfen und fanden eine augenscheinlich sehr gute und günstige neue mit dem unverwechselbar pariserisch klingenden Namen »Montana«. Wir lassen das Auto jetzt um die Ecke stehen und suchen dann nach einem Zimmer, um so ärmlich wie möglich zu wirken. Wir haben das Auto reparieren lassen und wurden natürlich übers Ohr gehauen. Diese Franzosen versuchen es bei jeder Gelegenheit. Wir schauten uns ein bisschen Paris an und versuchten, uns zurechtzufinden. Wir besichtigten Notre-Dame, die nicht annähernd so eindrucksvoll ist wie Beauvais und Reims. Abends warfen wir einen Blick ins Pariser Nachtleben. Wir erwarteten, die Stadt voller Amerikaner vorzufinden, trafen aber keine. Wir gingen ins Moulin Rouge und ins Café des Artists und amüsierten uns gut. Müde, aber glücklich ins Bett gefallen.

11. Juli – Paris

Wir besuchten den Gottesdienst in St. Etienne und fuhren nach dem Mittagessen raus nach Fontainebleau. Ein sehr interessanter Ort, trotzdem waren wir ein bisschen enttäuscht, da alles recht künstlich und kitschig wirkt. Es war sehr überlaufen und damit unvermeidlich, dem französischen Volk näherzukommen. Fehlende Badewannen und der charakteristisch kohlige Mundgeruch machen ihre Nähe nicht übermäßig reizvoll. Der Teich in der Nähe des Schlosses ist voller hässlicher und ungewöhnlich verfressener Fische – jeder fütterte sie mit Brot, also verhalfen wir einigen von ihnen zu Verdauungsstörungen, indem wir ihnen Kaugummi und Buntpapier gaben. Wir fuhren zurück ins Hotel, wo schlecht gekochte Eier unsere Hauptmahlzeit waren.

12. Juli – Paris

In der Hoffnung, Post bekommen zu haben, waren wir morgens bei American Express, doch es war keine Post für uns da. Wir machten Iselin und Portales ausfindig, zwei Freunde von Kennedy aus Harvard, und trafen außerdem Anne Reid. Den größten Teil des Morgens verbrachten wir damit, Caesars Hotel ausfindig zu machen, um dann festzustellen, dass er eine Stunde vor unserem Eintreffen abgereist war. Es war ein mieser Tag, daher gingen wir am Nachmittag alle zusammen ins Kino, »The Good Earth«. Sehr viele Filme, die in Paris gezeigt werden, scheinen auf Englisch zu sein.

13. Juli – Paris

Sehr früh aufgestanden, um pünktlich zu Kardinal Pacellis Gottesdienst in Notre-Dame zu sein. Riesige, typisch französische Menschenmenge – mit typisch meine ich schlecht riechend und aufdringlich. Kennedy schaffte es irgendwie, in den reservierten Sitzbereich zu kommen und nur wenige Meter neben Mme. Lebrun zu sitzen. Ich wurde bei dem Versuch, das Gleiche zu tun, aufgehalten und musste mich damit begnügen, zusammen mit dem Rest von Paris einen mehr als dreistündigen Gottesdienst durchzustehen – von dem ich rein gar nichts sah. Wir aßen mit einem Mann namens Offie, dem Sekretär von Botschafter Bullitt, zu Mittag – er schien eine selbstverliebte taube Nuss zu sein. Anschließend fuhren wir nach Versailles, wovon wir sehr beeindruckt waren. Diese alten Franzosen verstanden es wirklich, im Luxus zu leben. Eine Anlage von unvorstellbarer Größe. Wir bekamen eine regelrechte Überdosis an Statuen, Gemälden etc. von Louis Quatorze – der Junge muss sich gerne selbst angeschaut haben. Wohin man in Versailles auch sieht, da sitzt er. Wir schlossen uns einer Führung auf Englisch an, und der Führer meinte, Kennedy in aller Öffentlichkeit lang und heftig zur Schnecke machen zu müssen, weil er es gewagt hatte, eine Frage zu stellen, »ohne seiner Gruppe anzugehören«. Wir fanden die Stallungen und unternahmen eine Führung auf eigene Faust. Am Abend führten wir Ann Reid in eine Vorstellung von Maurice Chevalier aus. Er ist verdammt gut. Wie im Fernsehen.

14. Juli – Paris

Wir schliefen sehr lange und besuchten nach dem Mittagessen die Weltausstellung – sie war ziemlich enttäuschend. Es gibt einfach viel zu viel zu sehen – so viel, dass man am Ende gar nichts sieht. Vom Herumlaufen waren wir bald sehr erschöpft. Die Pavillons der Sowjetunion und Deutschlands, die sich ironischerweise gegenüberstehen, sind sehr beeindruckend. Die Hälfte der Ausstellung ist noch nicht fertig, daher lässt sich schwer sagen, was viele Gebäude eigentlich sein sollen. Wir aßen mit Iselin, Pourtales und ein paar Mädchen, die sie kennengelernt hatten, zu Abend. Danach fuhren wir durch Paris und schauten den Franzosen dabei zu, wie sie ihren Nationalfeiertag feierten. Paris ist wirklich sehr schön bei Nacht. Wir trafen J. Press aus Harvard, einen Kerl namens Jonas, der regelmäßig in Harry's Bar ist. Danach waren wir noch hier und da, fanden das Pariser Nachleben aber nicht allzu aufregend. Alles scheint sich vor allem darum zu drehen, in jedem Lokal ein Glas Champagner zu bestellen.

15. Juli – Paris

Am Morgen bei American Express gewesen und den alten Choatie Bruce Lerner getroffen, der jetzt verheiratet ist und einen mächtigen Schnurrbart trägt. Ein Telegramm von Blambo bekommen, der schreibt, dass er später im August in Europa eintreffen wird. Antwortete ihm, das sei nicht ratsam, da wir ihn dann kaum sehen würden. Wünschte, er hätte von Anfang an mit uns reisen können. Wir trafen Jack Miller und seinen älteren Bruder, Maines

Freund, zum Mittagessen, ein sehr teures Essen, weil wir übertriebenerweise darauf bestanden, die Rechnung zu übernehmen. Streiften am Nachmittag noch etwas durch Paris und schauten abends einen Film.

16. Juli – Paris

Fluchend aus den Betten im Montana geklettert und Napoleons Grab besucht, das wirklich eindrucksvoll ist. Der Sarg ist gewaltig und aus rot glänzendem Marmor. Wir schauten uns den Invalidendom an und fühlten uns an Louis Quatorze erinnert, wenngleich Napoleon hier im Mittelpunkt steht. Wir liefen rasch durch den Louvre, was sehr schade war, da uns vermutlich viel entging. Unser Hauptinteresse galt der ungeflügelten [geflügelten?] Siegesgöttin und der Mona Lisa sowie dem Selbstbildnis des Bildhauers LeMoyne. Am Nachmittag sahen wir uns nochmal auf der Weltausstellung um und gingen zum Eiffelturm. Es sah nach einem recht sportlichen Aufstieg aus, aber nachdem wir uns näher angesehen hatten, wie hoch er ist, waren wir dem Mann, der den Aufzug gebaut hatte, mehr als dankbar. Wir besichtigten auch die Conciergerie, wo Marie-Antoinette vor ihrer Hinrichtung gefangen gehalten wurde. Unglaublich, wie klein ihre Zelle war. Ganz der Gegensatz zu Versailles. Abends wurde wieder ein Film geschaut – und zurück in unser kleines Pariser Zuhause, das Montana.

Endlich alles bereit, um aus Paris abzureisen – und aus dem kleinen Montana. Wir wurden schwer enttäuscht, als der kleine Inhaber und seine Frau, mit der wir uns eigentlich ganz gut verstanden, versuchten, uns nach allen Regeln der Kunst übers Ohr zu hauen. Konnten den Preis schließlich noch etwas drücken und wurden mit wesentlich weniger lächelnden Gesichtern und »Gute Fahrt«-Wünschen als üblich verabschiedet. Buchten unsere Rückfahrkarten von der President Harding, von der alle sagen, sie sei fürchterlich, auf die Washington um. Trafen Frank Severance bei American Express. Schade, dass ich nicht wusste, dass er in Paris war. Er wäre im Louvre eine große Hilfe gewesen. Wir fuhren gegen ein Uhr aus Paris ab. Hielten auf dem Weg nach Chartres in Versailles, um uns Marie Antoinettes »Petite Trianon« anzuschauen. Das also verstand sie unter »einfachem Leben«. Es ist ungefähr so »Petite« wie das Weiße Haus. Machten dort ein paar Fotos, die alle nichts wurden. Kamen gerade noch rechtzeitig in Chartres an, um die Kathedrale zu besichtigen. Am eindrucksvollsten ist das wunderschöne Rosettenfenster. Die Farben sind unglaublich. Interessant war es auch, die beiden ganz ungleichen Türme nebeneinander zu sehen, der eine romanisch, der andere gotisch. Am Abend fuhren wir nach Orléans, wo wir gegen zehn ankamen. Fanden ein günstiges Zimmer, waren aber vom Anblick der Bettlaken verstört, da sie aussahen, als hätte man sie seit der Eröffnung des Gasthauses nicht gewechselt.

18. Juli – Orléans – Chambord – Amboise

Wir besuchten den Gottesdienst in einer Kathedrale und schauten uns dann ein wenig den Ort an. Die Stadt ist natürlich sehr stolz auf Jeanne d'Arc, überall stehen Statuen von ihr. Man sollte meinen, Orléans sei eine vergleichsweise große Stadt, aber sie ist überraschend klein. Es gibt einem das Gefühl, dass Frankreich noch eine recht primitive Nation ist. Einzig Paris ist modern. Fuhren zum Schloss von Chambord. Es ist ungemein beeindruckend, eine wirklich gewaltige Anlage. Franz I. (es ist schwer vorstellbar, wie er je Zeit fand, in all seinen verschiedenen Häusern zu leben) nutzte es als Jagdschloss. Es hatte Platz für mehr als 2000 Menschen. Das Dach sieht aus wie ein Dorf, mit Straßen und Häusern etc., sogar einer Kapelle.

Das Dach war wichtig, da die Frauen dort anscheinend meist ihre Zeit verbachten, während die Männer auf die Jagd gingen. Die Haupttreppe ist einmalig, da zwei Menschen sie gleichzeitig hinaufgehen können, ohne sich dabei zu sehen. Es sind zwei Treppen in einer. Wir aßen in einem Restaurant in der Nähe des Schlosses zu Mittag, und ich ließ dort mein Notizbuch liegen. Nach einem furchtbaren Schreck erhielt ich es von einem Mann zurück, der es gefunden und zum Schloss gebracht hatte. Ein verdammt hübsches französisches Mädchen half mir auf Französisch bei der Suche. Leute wie sie geben einem das Gefühl, dass die Franzosen im Grunde doch kein so übles Volk sind. Wir nahmen ein paar sehr, sehr englische Jungs mit – einer von ihnen, Ward, ging aufs Trinity College in Cambridge. Er verabschiedete sich mit den Worten, er hoffe, wir würden in England »seine Witterung aufnehmen«. Zu diesem Zeitpunkt wäre das sicher nicht schwer gewesen. Wir gingen in der Loire schwimmen. Sie hat eine starke Strömung, gegen die man kaum anschwimmen kann. Ich verdanke diesem Badeausflug meine Erkältung, doch dazu später mehr. Wir hielten am Schloss in Blois, das im Besitz der Prinzessin von Orléans war. Eine sehr schöne Anlage. Wir übernachteten in Amboise, um uns am Morgen das Schloss anzusehen. Wir spielten mit dem Gedanken, die unüberwindliche Mauer hochzuklettern, erinnerten uns dann aber an den Wachhund auf dem Amerikanischen Friedhof. Gingen am Abend aufs Volksfest. Die Brücke mit den Bäumen und die Allee in Blois waren sehr beeindruckend.

19. Juli – Amboise – Chenonceau – Angoulême

Gegen 10 Uhr aufgestanden, nachdem uns Frühstück ans Bett serviert worden war, und endlich das Schloss besichtigt. Es ist wirklich eine erstaunlich uneinnehmbare

Festung. Die Mauern sind enorm hoch, und selbst heute, mit moderner Kriegsführung, täte sich eine Armee schwer, sie zu erobern. Im Innern ist sie sehr schön – besonders die kleine Kapelle, die als »Juwel« gotischer Architektur gilt. Leonardo da Vinci soll in dieser Kapelle beigesetzt sein. Wir besichtigten auch die Mauer der Verschwörer, an der 1500 Männer auf einmal gehängt wurden. Und die Tür, an der sich Karl V[III]. den Kopf stieß und verstarb. Wir erkundeten die Anlage auf eigene Faust und kletterten ein wenig herum, wurden jedoch von einer extrem wütenden Französin hinausgeworfen. Wir fuhren weiter nach Chenonceau, einem wirklich schönen Schloss. Es wurde über die Loire gebaut, darunter durch fließt das Wasser. Es ist jetzt in Privatbesitz und so schön, dass man nicht verstehen kann, warum der heutige Besitzer nie darin wohnt. Es war die Lieblingsresidenz von Katharina von Medici. Während des Krieges diente es als Lazarett für französische Soldaten. Wir fuhren dann über Tours und Poitiers nach Angoulême, wo wir ziemlich spät am Abend ankamen. Fanden ein Zimmer für zehn Francs pro Person, bislang das günstigste.

20. Juli – Angoulême – St. Jean de Luz

Fuhren gegen elf los und aßen gegen zwei teuer und nicht sehr gut zu Mittag. Hatten die üblichen Schwierigkeiten, unsere Reiseschecks einzulösen. Frankreich ist bei weitem nicht so touristenfreundlich, wie wir erwartet hatten. Diese Franzosen tun so, als hätten sie noch nie einen Amerikaner gesehen. Wir fuhren durch Biarritz und waren von dem, was wir sahen, sehr enttäuscht. Es wirkt karg und ausgestorben, ganz und gar nicht wie ein weltbekannter Urlaubsort. Wir kamen in St. Jean de Luz an und fanden nach einstündiger Suche endlich Pourtales' Villa. Dort gab es für Kennedy und mich ein gutes und ein schlechtes Bett. Wir warfen eine Münze. Ich verlor, wie üblich. Es ist wirklich erstaunlich, wieviel Glück Kennedy beim Münzewerfen hat. Wir lernten Pourtales' Familie kennen, die aus seiner Mutter, seiner Großmutter und seiner Schwester, Dian, besteht. Mutter und Schwester sehr nett, die Großmutter dagegen furchtbar langweilig. Wir gingen ins Kino in einen Film auf Französisch und fanden es urkomisch, Pat O'Brien auf Französisch plappern zu hören. Dian und Alex übersetzten für mich, aber beide gaben die Handlung anders wieder, es war also etwas kompliziert. Wir fuhren mit offenem Verdeck, ich hatte keine Jacke. Darauf sowie auf das Bad in der Loire führe ich meine Erkältung zurück, die immer schlimmer wird. Wir gingen danach in den Club Cesari, und ich bestellte Wasser, sehr zur Entrüstung der Kellner.

21. Juli – St. Jean de Luz

Fuhren am Vormittag mit Iselin an die spanische Grenze. Sie ist nur ein paar Kilometer von St. Jean de Luz entfernt. Wir durften natürlich nicht rüber, folgten aber dem Fluss, der für einige Kilometer die Grenze darstellt. Sie ist auf beiden Seiten bewacht, alle paar Meter Soldaten. Wir sahen die Trümmer der Stadt Irún, wo letztes Jahr schwere Kämpfe stattgefunden haben. Nachmittags am Strand, aber da meine Erkältung schlimmer wird, nahm ich das Abendessen im Bett ein und blieb zu Hause.

22. Juli – St. Jean de Luz

Den ganzen Tag im Bett geblieben, da meine Erkältung ziemlich schlimm ist.

23. Juli – St. Jean de Luz

Spät aufgestanden und einkaufen gegangen, um nach Baskenschuhen zu schauen. Nach einigen Schwierigkeiten eine Maßanfertigung bekommen, da sie meine Größe nicht hatten. Diese Franzosen sind als Volk so *petit*. Am Nachmittag ins Bett gelegt und abends zu Hause geblieben.

24. Juli – St. Jean de Luz

Nach Biarritz gefahren, um Eintrittskarten für den Stierkampf zu besorgen. Habe mir einen sehr komischen Anzug zugelegt, um beim Fahren nicht zu frieren, und werde die ganze Zeit von neugierigen Franzosen von allen Seiten angestarrt. Es ist sehr interessant, die vielen spanischen Flüchtlinge, die hier sind, zu sehen und kennenzulernen. St. Jean de Luz ist eine Hochburg Francos, und wir bekommen hier ganz klar die Sichtweise der Franquisten mit. Wir hören Geschichten wie diese: Einem Vater wird im Gefängnis ein Stück Fleisch vorgesetzt. Nachdem er es gegessen hat, wird der Leichnam seines Sohnes hereingebracht, aus dem ein großes Stück herausgeschnitten ist. Das stößt einen durchaus von der Regierung ab. Aber natürlich kennen wir die Regierungsseite der Geschichte [nicht]. Am Nachmittag ins Bett gelegt und abends zu Hause geblieben. Ich fürchte, ich bin für die Pourtales' kein sehr aufregender Gast.

25. Juli – St. Jean de Luz

Morgens mit Jack in die Kirche gegangen, in der Ludwig XIV. Maria Theresia von Spanien geheiratet hat. Typisch baskische Architektur und sehr schön in ihrer Schlichtheit. Am Nachmittag ins Bett gelegt und abends zu Hause geblieben. Die Erkältung scheint langsam besser zu werden. Wir hatten nicht vorgehabt, so lange hier zu bleiben, aber aufgrund meiner Erkältung und auch, weil wir am 26. den Stierkampf sehen wollen, haben wir beschlossen, bis zum 27. zu bleiben.

26. Juli – St. Jean de Luz – Stierkampf

Den ganzen Morgen im Bett geblieben und zum Mittagessen aufgestanden. Nachmittags zum Stierkampf außerhalb von Biarritz gegangen. Sehr interessant, aber furchtbar grausam. Die Quälerei des Stiers machte mir nicht so viel aus, aber ich konnte es nicht mitansehen, wie die Pferde aufgespießt wurden. Sie lassen arme, alte Gäule raus, auf denen Stierkämpfer mit Lanzen sitzen, die sie vor den Stieren schützen sollen, aber dann versagen sie meist kläglich. Glaube, nachdem ich einen Stierkampf gesehen habe, umso leichter die Gräuelgeschichten über die Spanier. Diese Südfranzosen und Spanier sind ein sehr grausames Volk. Am zufriedensten waren sie, als ein armer, alter Gaul furchtbar aufgeschlitzt mit nachschleifenden Gedärmen hinausgeführt wurde. Wir kauften später ein paar Lanzen zu je 20 Cent.

27. Juli – Lourdes – Toulouse

Abschied von Pourtales nach einiger Aufregung und vielen Fotos und Fahrt nach Lourdes. Hier befindet sich die berühmte Grotte. In dieser Grotte soll der Heiligen Bernadette 18 mal die Jungfrau Maria erschienen sein und befohlen haben, dort eine Kirche zu bauen. Das Wasser in der Grotte soll heilende Kräfte haben, und es gibt viele Fälle, die als geheilt anerkannt wurden. Wir sahen einige der Tausenden von Kranken, die ständig in der Hoffnung dort hingehen, geheilt zu werden. Auf mich allerdings hatte die Grotte eine gegenteilige Wirkung. Kaum hatten wir Lourdes verlassen, begann ich, mich schlecht zu fühlen, und als wir in Toulouse ankamen, hätte es mir kaum schlechter gehen können. Ich hatte 103° [Fahrenheit = 39,5° Celsius] Fieber. Also bereitete ich mich auf eine überaus unangenehme und unbequeme Nacht vor.

28. Juli – Toulouse

Den ganzen Tag im Bett verbracht und jede Medizin geschluckt, die Kennedy mir brachte. Habe wieder normale Temperatur, daher denke ich, dass wir unsere Reise morgen fortsetzen werden, wenn alles gut läuft.

29. Juli – Toulouse – Carcassonne – Cannes

Früh am Morgen geradezu putzmunter aus Toulouse abgefahren. Wir hielten in der mittelalterlichen Stadt Carcassonne, die noch immer in bestem Zustand ist. Es war schrecklich interessant, da die Menschen bis heute innerhalb der Mauern in überfüllten kleinen Straßen leben und sowohl sie selbst wie auch ihre Häuser mittelalterlich aussehen. Wir umrundeten die ganze Stadtmauer zu Fuß, und es ging mir immer noch gut, daher denke ich, ich bin wieder gesund. Wir fuhren den Rest des Tages, kamen gegen neun in Cannes an und hielten in dem bisher teuersten Hotel – 35 Francs. Der Bedienungszuschlag beträgt nun 15 %, was der reinste Wucher ist. In Cannes ist viel mehr los als in Biarritz, und der Strand ist herrlich, dennoch scheint irgendetwas zu fehlen. Vielleicht weil wir absolut niemanden kennen und weil es im Grunde ein Winterurlaubsort ist, der im Sommer nicht ganz so schön ist. Jedenfalls fanden wir hier ein völlig anderes Frankreich vor als das bedauernswerte verarmte Land, durch das wir gefahren sind. Gingen früh ins Bett, mussten Mücken erschlagen.

30. Juli – Cannes

Vormittags schwimmen gegangen und meinen ersten richtigen Sonnenbrand bekommen. Ist mir wirklich gut gelungen, da ich krebsrot bin, schlimmer noch. Nachmittags etwas geschlafen, als Vorbereitung auf das, was inmitten des rauschenden Nachtlebens von Cannes eine große Nacht hätte werden sollen. Am Abend ins Palm Beach Casino gegangen, das nicht annähernd hält, was es verspricht. Wir versuchten, mit ein paar richtig gutaussehenden amerikanischen Showgirls anzubandeln – aus rein staatsbürgerlicher Verbundenheit –, aber ohne Erfolg. Wir streiften danach ein wenig durch Cannes, und Kennedy hatte schließlich eine Verabredung mit Simone Corsica.

31. Juli – Cannes und Monte Carlo

Sehr spät aufgewacht, aber sehr unglücklich, Kennedy spielte am Strand den toten Mann, wie man auf dem Foto sieht. Machten uns nach dem Mittagessen schließlich auf den Weg über Nizza nach Monte Carlo. Von dort fuhren wir über den Grand Cassien durch die Berge – sehr schöne Strecke, aber viele, viele Kurven. Fanden ein unglaublich billiges, aber sehr schönes Zimmer in Monte Carlo für zusammen 15 Francs. Auch das Essen war dort sehr günstig, was uns sehr überraschte. Gingen abends ins Casino. Jack kam nicht rein, da er seinen Ausweis zeigen musste und noch nicht 21 ist. Ich spielte, setzte ganze 40 Francs, gewann und kam schließlich raus mit plus minus Null. Wir gingen später noch in den Sporting

Club, und Jack kam rein. Wir setzten zehn Francs und jagten ihnen einen gehörigen Schrecken ein. Wirklich schön dort, besonders der Nachtclub direkt am Wasser.

1. August – Monte Carlo – Savona

Waren in einer kleinen, aber sehr hübschen Kirche und hielten einen sehr langen Gottesdienst durch, gingen dann an den Strand vom Grand Hotel. Sparten uns in gewohnter Manier den Eintritt. Begegneten Jane Kauffmann von Palm Beach, die ganz wie sie selbst aussah, und schauten uns ein paar wirklich hübsche ausländische Mädchen an, lernten sie aber nicht kennen, obwohl eines Jack richtig gut gefiel. Am Nachmittag überquerten wir die Grenze nach Italien, was ganze zwei Stunden dauerte. Ich habe noch nie so viel Bürokratie erlebt, die man über sich ergehen lassen muss, unter anderem den Erwerb von Hotel- und Benzingutscheinen. Wir wussten zu diesem Zeitpunkt nicht, ob wir übers Ohr gehauen wurden oder nicht. Wir wussten nur, dass wir über vierzig Dollar für jede Menge Gutscheine bezahlten. In Italien wirkt alles ein bisschen fröhlicher als in Frankreich. Es scheint ein sehr glückliches Volk zu sein. Wir merkten, dass wir es nicht wie geplant nach Mailand schaffen würden, daher hielten wir in Savona und stellten fest, dass wir mit den Gutscheinen richtig gute Zimmer bekamen. Mit der italienischen Sprache allerdings, soviel steht fest, werden wir ganz schön Mühe haben, weil man schon großes Glück haben muss, um einen Italiener zu treffen, der Französisch spricht!

2. August – Savona – Genua – Mailand

Nach großem Ärger mit »unserem Gastgeber« fuhren wir endlich aus Savona ab und machten uns auf den Weg nach Mailand über Genua. Davon sahen wir allerdings nicht viel, am meisten beeindruckte uns noch die Größe. Es ist furchtbar klein. Man sollte meinen, es wäre groß, immerhin ist es eine der ältesten Städte der Welt.

Wir fanden ein sehr hübsches Hotel in Mailand, dessen Besitzer sich als extremer Faschist erwies. Er war in Abessinien gewesen, das man, wie er sagte, leicht habe erobern können, mit dem sich aber nur sehr schwer etwas anfangen ließe, da es immer noch so barbarisch sei. Und solange es dort keine Eisenbahnen gebe, werde man rein gar nichts dort unternehmen können. Überall Bilder von Mussolini – sogar an die Hauswände gemalt. Überall am Straßenrand stehen seine Befehle, die hauptsächlich aus »Befolgt!« bestehen. Wir schauten uns Robert Taylor und Greta Garbo in »Die Kameliendame« an und sahen dem »Schönen Robert« höchst interessiert dabei zu, wie er rasend schnell Italienisch sprach. Verstanden nicht viel vom Film. Wir stellten fest, dass wir unser Auto in einem Kirchhof geparkt hatten, der abgeschlossen war. Mussten es also die ganze Nacht dort stehen lassen, nachdem sich der Pfarrer nicht hatte wecken lassen.

3. August – Mailand – Piacenza

Lange geschlafen und los, um das Auto aus den Händen der katholischen Kirche zu befreien. Nachmittags eine American-Express-Tour durch die Stadt gemacht. Sehr beeindruckt von der schönen Kathedrale, eine der größten der Welt. In der Apsis befinden sich die größten Buntglasfenster der Welt. Während des Krieges wurden sie alle zur sicheren Verwahrung nach Rom gebracht. Unter dem Altar ist ein Kardinal in einem gläsernen Sarg beigesetzt. Das Grab ist in einem Raum, der vollständig mit Silber ausgekleidet ist. Das Skelett des Kardinals ist ganz in ein prunkvolles Gewand gehüllt, das jedes Jahr gewechselt wird, und er hat die kirchlichen Juwelen bei sich. Alle hundert Jahre wird der Sarg durch die Straßen getragen. Das letzte Mal zerbrach ein gläsernes Seitenteil, Luft drang ein und färbte das weiße Skelett schwarz. Wir schauten uns das »Letzte Abendmahl« von Leonardo da Vinci an, das in einem sehr schlechten Zustand ist, so schlecht, dass man kaum erkennt, was für ein Meisterwerk es ist. Fotografierte Jack auf dem Mailänder Friedhof, was verboten ist, kam aber mit dem Verschluss nicht klar. Jack passierte das Gleiche, als wir den Mailänder Dom fotografierten, wir kriegen also richtig gute Bilder.

Fuhren spät aus Mailand ab, erst nachdem sich Kennedy fast eine Hundert-Dollar-Uhr gekauft hätte und ich mir wirklich eine für zehn Dollar gekauft hatte, was ich inzwischen bereue. Wir kamen spät in Piacenza an und gingen ins Bett, nachdem wir noch ein paar Briefe geschrieben hatten.

4. August – Piacenza – Pisa

Hatten am Morgen große Schwierigkeiten abzureisen, da Madame uns beschuldigte, ihr 25-Cent-Handtuch zerrissen zu haben, das wir uns weigerten zu bezahlen. Vor dem Hotel liefen mindestens fünfzig neugierige und unangenehme Italiener zusammen. Wir bezahlten schließlich unter lautem, beidseitigem Fluchen. Wir nahmen auf dem Weg nach Pisa einen jungen Deutschen namens Martin mit. Sehr interessant, da er ganz klar gegen Hitler ist, auch wenn er uns nicht viel darüber sagen konnte. Er erzählte uns, wie sehr die Deutschen die Russen hassen. Es sieht so aus, als würde der nächste Krieg aus dieser Richtung kommen, besonders da sich England und das übrige Europa von Russland zu distanzieren scheinen. Wir hielten in Pisa und stiegen den Turm hinauf, besichtigten die Kirche und das Baptisterium. Der Turm ist wirklich seltsam, man spürt selbst beim Hinaufgehen, dass er schief ist. Das Baptisterium ist witzig. Wenn man im Innern pfeift, klingt es wie eine Orgel. Wir nahmen einen weiteren deutschen Jungen mit, der aber kein Englisch kann und Krause heißt. Wir hielten an einem kleinen Hotel etwa 150 Kilometer vor Rom. Martin und Krause verbrachten die Nacht im Auto.

5. August – Rom

Spät aufgestanden, trafen Martin und Krause abfahrbereit nach ihrer Nacht im Wagen. Diese Deutschen leben wirklich bescheiden – natürlich aus der absoluten Not heraus, da sie Deutschland mit nur zehn Mark verlassen dürfen, aber diese Jungs übertreiben es. Sie essen nur Tomaten und Brot und scheinen jede Nacht draußen zu schlafen. Wir gingen im Mittelmeer schwimmen und nahmen ein Sonnenbad etwa fünfzig Kilometer vor Rom und parkten das Auto überaus dämlich im Sand, weit weg von der Straße. Zu unserer Bestürzung mussten wir feststellen, dass wir feststeckten, und erst nach ungefähr einer Stunde waren wir endlich wieder draußen, nachdem wir den Großteil der Luft aus den Hinterreifen abgelassen hatten. Wir brachten eine weitere unselige Stunde damit zu, eine Pumpe aufzutreiben, um sie wieder aufzupumpen. Dadurch erreichten wir Rom erst nach 17:30 Uhr. Gingen sofort zu American Express und erfuhren, dass Kennedys Familie auf dem Weg nach Europa ist. Ich erhielt ein paar nachgesandte Briefe von Mutter und einen von Louise Berry. Setzten unsere Kumpels Martin und Krause ab und fanden ein Hotel. Wir streiften am Abend ein bisschen durch die Stadt und kletterten »heimlich« ins Kolosseum. Stellten fest, dass es als öffentlicher Park genutzt wird und voller Menschen war. Jedenfalls ist es sehr schön im Mondlicht und glich einem Paradies der Verliebten.

6. August – Rom

Ziemlich spät aufgestanden und den ganzen Vormittag damit verbracht, nach Freunden von Kennedys Vater zu suchen: Mr. Galeazzi, Cortesi (Korrespondent der New York Times) und Mr. Phillips, Botschafter in Italien. Waren alle nicht da, aber wir trafen Mr. Reed an, Botschaftsrat, der ein verdammt netter Kerl zu sein schien. Am Nachmittag besichtigten wir die Engelsburg, das Grabmal Hadrians. Fanden sie sehr interessant. Eine moderne Armee heute hätte Schwierigkeiten, sie einzunehmen, da sie wirklich genial befestigt ist. Wir gingen auch ins Pantheon, von dem ich in Kunst 202 dieses Jahr so viel gehört habe, und es war äußerst interessant, es zu sehen, nachdem ich mich so eingehend damit habe beschäftigen müssen. Es hat wirklich gewaltige Türen, die drei Männer zusammen nicht bewegen können, so der stolze Fremdenführer. Kennedy gab ihnen daraufhin einen kleinen Schubs, und sie schwangen zu. Wir nahmen an, dass er drei italienische Männer meinte. Wir gingen nochmal ins Kolosseum und fanden es bei Tageslicht sogar noch beeindruckender. Wir gingen auch zum Forum und trafen einen Mann, der uns herumführte, fanden ihn aber eher störend als hilfreich. Natürlich liegt das Forum derart in Trümmern, dass es für das ungeschulte Auge schwierig ist, es zu würdigen. Doch die vielen verschiedenen Stufen der Zivilisation zu sehen, ist wundervoll. Es wird immer noch gegraben und Neues entdeckt. Diese Italiener sind wirklich das neugierigste Volk auf Erden, so hoffe ich. Sie ertragen es nicht, wenn ihnen etwas entgeht. Sie stecken die Köpfe zusammen, sobald sie nur jemanden hupen hören – was ganz nebenbei in Rom ein schlimmes Vergehen ist. Die Polizisten schnauzen einen an, wenn man es macht. Diese römischen Polizisten sind die strengsten, die wir getroffen haben.

7. August – Rom

Gegen 8:30 Uhr zu Galeazzi gegangen und ihn angetroffen. Sehr einnehmender Mann. Wir erfuhren, dass wir an diesem Tag eine Audienz beim Papst haben sollten. Wir gingen in Mr. Galeazzis Wohnung und lernten Bischof Spellman (katholisch) aus Boston kennen. Drei Nichten – alle jung. Fuhren in Mr. Galeazzis Auto hinaus zur Sommerresidenz des Papstes. Mr. Galeazzi selbst kam nicht mit, schickte aber seinen Mitarbeiter, Mr. Conti. Die Residenz ist ungefähr zehn Meilen von Rom entfernt. Als wir dort ankamen, warteten davor etwa zweitausend Menschen. Wir wurden allerdings in den Innenhof gefahren und nach oben in einen kleinen, aber sehr schönen Raum geführt. Dort trafen wir den Bischof von Louisiana. Es gehörte sich wohl, dass ich niederkniete und seinen Ring küsste. Er wirkte arrogant, und niemand von uns konnte ihn leiden. Kurz darauf kam Kardinal Pacelli herein, und wir wurden ihm alle persönlich vorgestellt. Ich musste wieder den Ring küssen. Ich war erstaunt, wie schlecht er Englisch spricht. Anschließend wurden wir in einen riesigen Saal geführt, in dem ein Thron stand. Uns wurden großartige Plätze zugewiesen – direkt am Fuße des Throns. In dem Saal waren etwa dreitausend Menschen, es war extrem heiß, mir war noch nie so heiß. Nachdem wir etwa eine Stunde gewartet hatten, wurde der Papst in einer Sänfte feierlich hereingetragen. Er brauchte fast zwei Anläufe, um auf seinen Thron zu steigen. Er sieht sehr krank aus, und das Sprechen schien ihm ungemein schwer zu fallen – aber wie 80 sieht er nicht aus! Er sprach etwa eine halbe Stunde auf Italienisch, dann wurde er unter »Es lebe der Papst«-Rufen hinausgetragen. Anschließend nahm uns Mr. Conti mit zum Mittagessen, das ungefähr drei Stunden dauerte, und dann zur Villa d'Este in Tivoli. Die Brunnen und Gärten sind wunderschön. Machte viele Schnappschüsse von den Statuen, die alle nichts wurden. Aßen bei Mr. Galeazzi zu Abend. Seine Frau spricht kein Englisch und kaum Französisch, es herrschte also nicht gerade ausgelassene Stimmung an ihrem Ende des Tisches, wo ich saß. Ging recht früh nach Hause.

8. August – Rom – Pompeji – Vesuv

Früh aufgestanden und den Gottesdienst im Petersdom besucht. Habe noch nie ein so schönes Gebäude gesehen, von innen mit Abstand die schönste Kirche, die wir bis jetzt besichtigt haben. Und so unfassbar groß. Wir waren ziemlich lange dort, da wir den richtigen Gottesdienst nicht finden konnten. Brachen schließlich nach Neapel auf. Wir kamen dort gegen zwei Uhr an und mussten 26 Lire für die Straße nach Pompeji bezahlen. Wir hielten zum Mittagessen und kamen dadurch zu spät für einen offiziellen Besuch in Pompeji, das um drei schließt. Also kletterten wir über die Mauer und erkundeten es auf eigene Faust. Später erfuhren wir allerdings, dass wir die interessantesten Teile verpasst haben. Dafür schafften wir etwas anderes: Wir verloren unser Ticket, für das wir 26 Lire bezahlt hatten. Diskutierten mit der halben Nation, um zum Vesuv zu kommen, ohne noch einmal bezahlen zu müssen. Auf dem Weg nach oben zum Vesuv nahmen wir zwei Deutsche mit, die sich als Soldaten herausstellten. Die beiden waren tolle Typen, bis auf die Tatsache, dass sie nur Deutsch sprachen. Der Wagen ächzte und quälte sich zum Gipfel hinauf. Es ist wirklich eine verdammt lange Fahrt, da die Straße so kurvenreich ist. Ein Kerl aus Princeton kam uns entgegen, habe seinen Namen vergessen. Es war dunkel, als wir oben ankamen. Wir gingen nahe an die heiße Lava heran, die aus vielen Felsspalten hervorströmte. Wir näherten uns bis auf zehn

Meter der Hauptaustrittsstelle. Es riecht nach Schwefel, und das Atmen fällt schwer, aber es heißt, es sei gut für die Lunge. Alle paar Minuten gibt es Eruptionen. Es war verdammt interessant. Aufregende Fahrt ohne Ticket zurück auf der Straße nach Pompeji, kamen aber ungestraft davon. Die Deutschen gingen in Neapel in eine Jugendherberge. Wir fanden schließlich, nach einigen Schwierigkeiten, noch ein billiges Hotel.

9. August – Neapel – Capri

Wir fuhren um 9 Uhr morgens los nach Capri, nach einigem Herumgerenne auf der Suche Geld für eine Bootsfahrt. Liehen es uns schließlich von den beiden Deutschen, die auch auf das Boot wollten. Es war eine sehr lange Fahrt, und wir mussten uns nochmal Geld von den Deutschen leihen für Essen und so weiter. Schließlich erreichten wir wie Blaue Grotte und machten uns bei dem ohnehin schon feindseligen Personal weiter unbeliebt, indem wir unsere Badehosen anzogen. Die Grotte ist wirklich sehr schön. Ich glaube tatsächlich, ich habe noch nie ein so schönes Blau gesehen. Allerdings nicht schön genug, um dafür einen ganzen Tag und jede Menge Kohle zu verplempern. Das große Boot legt vor der Grotte an, und Einheimische rudern einen in kleinen Booten hinein. Sie ziehen die Boote an einer Kette durch die niedrige Öffnung. Anschließend gingen wir wieder auf

Capri an Land und kauften im Hauptort unseren Anteil an Holzkästchen, verdammt schön und für nur 50 pro Stück. Wir kamen schließlich um sechs wieder in Neapel an und fuhren nach Rom, mit den beiden Deutschen auf der Rückbank. Wir finden immer mehr Gefallen an den beiden, da wir eine Art Zeichensprache entwickeln. Wir mussten lange an einem Bahnübergang warten, an dem nie ein Zug kam. Kennedy geriet mit dem kleinen Spaghettifresser von Bahnwärter in Streit, der ihn nur um Haaresbreite mit einem Knüppel verfehlte, der größer war als er selbst. Kamen gegen zwei endlich in Rom an und setzten die Deutschen an ihrem Hotel ab. Dann ins Bett.

10. August – Rom

Spät, aber gerade noch rechtzeitig zum Mittagessen aufgestanden. Ein paar verdammt gutaussehende italienische Mädchen beim Essen kennengelernt und uns mit ihnen für den Abend verabredet. Der einzige Haken dabei ist, dass sie nur Italienisch sprechen. Nach dem Essen ging Jack zu einer Verabredung mit Mr. Cortesi (New York Times) und führte mit ihm ein langes politisches Gespräch. Am Abend führten wir die Mädels aus. Aßen im Restaurant gegenüber von unserem Hotel und wurden natürlich vom Besitzer elend über den Tisch gezogen. Gingen in Roms einzigen Nachtclub, Villa del[la] Rosa. Sehr netter Laden mit guten Varietényummern. Kennedy gab ein paar Zaubertricks zum Besten, die man sich merken sollte, und wir gingen müde, aber glücklich ins Bett.

11. August – Rom

Ziemlich früh aufgestanden und Mr. Conti getroffen. Er führte uns durch die Vatikanischen Museen. Sie sind derart voller Kunstschätze, dass man sich unmöglich alles ansehen kann. Ohne Mr. Contis Hilfe hätten wir nicht einmal die bedeutendsten gesehen. Trafen die italienischen Mädels beim Mittagessen, fanden es allerdings etwas ermüdend, »Italienisch« mit ihnen zu reden. Am Nachmittag trafen wir Mr. Conti wieder und besichtigten einige Kirchen. Wir stiegen die Stufen von San Giovanni in Laterano auf Knien hinauf. Jesus soll diese Treppe hinuntergegangen sein, nachdem er von Pontius Pilatus verurteilt worden war. Gute Katholiken müssen daher Buße tun und sie auf Knien hinaufsteigen und auf jeder Stufe ein Gebet sprechen. Der arme Mr. Conti sagt, er mache das fast jeden Tag, wenn er sie Mr. Galeazzis Freunden zeigt. Wir besichtigten auch die Katakomben an der Via Appia. Es ist wirklich unglaublich, wie kilometerlang sie sind. Es ist bestimmt nicht schwer, sich darin zu verlaufen. Wir erfuhren von weiteren Wundern, die immer unglaubwürdiger werden. Zum Beispiel über Cäcilia von Rom. Wir gingen später in die Basilika Sankt Paul vor den Mauern und trafen dort Herrn Dickey und

Gattin. Diese Basilika ist einer der hübschesten. Im Innern befinden sich Medaillons von allen Päpsten seit dem Heiligen Petrus. Hier erfuhren wir von der Enthauptung des Paulus, dessen Kopf mehrere Stufen hinuntergefallen sein soll, und jedes Mal, wenn er aufsprang, entstand eine Quelle. Auch diese Geschichte ist einigermaßen schwer zu glauben. Kehrten nach Hause zurück, packten und gingen früh ins Bett.

12. August – Rom – Florenz

Trafen die Deutschen vor unserem Hotel. Nach heftigem Streit und langem Kampf mit dem Hotelbesitzer, der uns ständig übers Ohr gehauen hatte, vor allem bei unseren Fotos – während dieser Auseinandersetzung bezeichnete er sich als »Italiener und Gentleman, was Amerikaner niemals sein könnten« –, gab er uns schließlich 60 Lire zurück, und wir fuhren los nach Florenz. Kamen ziemlich spät in Florenz an und übernachteten im bislang besten Hotel. Man versuchte dort nicht einmal, uns zu betrügen, alles war sehr angenehm und günstig.

13. August – Florenz – Venedig

Schauten uns den ganzen Vormittag Florenz an. Waren aus irgendeinem Grund etwas enttäuscht. Wir gingen durch die Uffizien, die voller Kunstschätze sind. Besichtigten auch den Palazzo Vecchio, der Thema in der Kunstabschlussprüfung war. Richtig beeindruckt waren wir von Michelangelos berühmtem David. Es ist die schönste Statue, die ich je gesehen habe oder je sehen werde. Auf dem Foto auf der nächsten Seite kann man nicht erkennen, wie groß sie ist, aber sie ist dreimal so groß wie ein durchschnittlicher Mann. Wir liefen auch durch die Kathedrale, die von außen sehr schön, von innen aber eher unspektakulär ist. Am Nachmittag fuhren wir weiter nach Venedig. Ich hatte keine Ahnung, dass die Stadt nur aus Kanälen besteht. Ich dachte, es gäbe vielleicht zwei. Aber da lag ich völlig falsch. Man muss das Auto in einer Garage am Ende der Brücke, die in die Stadt führt, stehen lassen, und von da an mit dem Boot fahren. Wir fanden ein kleines Hotel in der Nähe des Markusplatzes für 25 Lire. Irgendwie haben die Deutschen ihres für acht bekommen. Es war verdammt spät, daher schauten wir uns bloß auf dem Platz um und gingen dann ins Bett. Verbrachten eine furchtbare Nacht, da uns die Stechmücken fertig machten.

14. August – Venedig

Fuhren am Vormittag mit dem Boot rüber zum Lido ins Hotel Excelsior. Trafen dort Barbara Hutton und Al Lerner, allerdings nicht zusammen. Trafen später zufällig Joe und Elie Houguet und viele andere Leute. Aßen mit Elie zu Mittag und mit ihr und Joe zu Abend. Schlenderten anschließend etwas durch Venedig. Sehr beeindruckt vom Markusplatz. Der Platz ist wirklich sehr schön bei Nacht. Haben langsam genug von Spaghetti, da wir sie dauernd essen – sie sind billig und machen satt. Wir fanden heraus, dass die Houguets noch günstiger wohnen als wir. Elie übernachtete sogar in Jugendherbergen, als sie in Deutschland war. Wir sind in ein anderes Zimmer umgezogen und bezahlen jetzt 30 Lire wegen des Moskitonetzes, das man uns freundlicherweise »gegeben« hat.

15. August – Venedig

Waren im Markusdom zum Gottesdienst, den wir nur mit Mühe fanden. Fuhren dann rüber zum Lido, wo uns Al Lerners Strandhütte gute Dienste erwies. Saßen draußen am Kai mit MacAdoo, den Houguets, Dumpling etc., und ich holte mir einen Sonnenbrand. Dann in die American Bar, wo uns von einem »Traum« von Käse ganz schlecht wurde. Wir machten auch endlich unsere Fotos mit den Tauben, wobei es gar nicht so einfach war, sie überhaupt anzulocken. Aßen mit den Ho[u]guets etc. zu Abend und hörten uns danach das Konzert auf dem Platz an. Der Platz war brechend voll, ich habe noch nie so viele Menschen gesehen. Später fuhren wir alle Gondel und schlenderten durch die Stadt, die kleinen Straßen etc. rauf und runter. Das einzige Problem ist, dass das ganze Abwasser in die Kanäle fließt, und da sie quasi stehen, ist der Geruch ziemlich übel. Nach diesem Spaziergang gingen wir zurück ins kleine »Zacheri«.

16. August – Venedig – Innsbruck

Da es stark regnete, entschieden wir uns, das »sonnige« Italien zu verlassen und nach München zu fahren. Gabelten ein norwegisches Spaßbündel auf, das wir zusammen mit Heinz mitnahmen. George war irgendwie auf der Strecke geblieben. Es regnete so stark, dass die Fahrt scheußlich war, andernfalls wäre es eine wirklich schöne Fahrt gewesen. Als wir den Brenner erreichten, war es richtig kalt. Trotzdem bedauerten wir es nicht, Italien zu verlassen, da die Menschen dort wirklich furchtbar sind. Wir waren sofort beeindruckt, wie anders die Österreicher sind. Sie sind ein sehr freundliches Volk und gaben sich Mühe, nett zu einem zu sein. Kamen recht spät in Innsbruck an und beschlossen, dort zu übernachten, wo unsere Mitfahrer übernachteten, was sich als Jugendherberge herausstellte. Das war eine verdammt interessante Erfahrung, allerdings eine, die ich nicht allzu oft wiederholen möchte. Die Betten stehen nur ein paar Zentimeter auseinander, und wenn man aufwacht, schaut man einem großen Deutschen direkt ins Gesicht. Außerdem schliefen dort noch 40 andere, und es gab nur ein einziges Fenster, das geschlossen bleiben sollte. Also machten wir es immer wieder auf, und sie machten es immer wieder zu.

17. August – Innsbruck – München

Sehr früh wach, natürlich alles andere als freiwillig, da unsere Freunde gegen fünf Uhr auf ihre Räder springen mussten. Brachen auf über die Alpen nach Deutschland, nachdem wir Johanna so viel Geld wie möglich abgerungen hatten. Wir bekamen auch etwas vom guten alten Heinz, beide waren sehr verärgert. Wir hielten in Garmisch, wo die Olympischen Spiele stattgefunden hatten, und gingen ganz in der Nähe zu einem wirklich schönen, aber sehr nassen Wasserfall. Von dort fuhren wir weiter nach Oberammergau, wo die Passionsspiele stattfinden. Dort sahen und kauften wir Postkarten von Christus – Anton Lang. Wir kamen gegen acht Uhr in München an und fanden ein augenscheinlich verdammt gutes Zimmer. Wir gingen mit Heinz essen und setzten ihn schließlich in den Zug. Brachten auch Johanna wohlbehalten in eine Jugendherberge. Dann in Münchens großartiges Hofbräuhaus, wo wir ziemlich lange blieben und einen Querschnitt der deutschen Bevölkerung zu sehen bekamen. Versuchten jeder einen Maßkrug mitgehen zu lassen. Bei Kennedy klappte es, bei mir nicht, da sie mich durchsuchten. Hitler scheint hier sehr beliebt zu sein.

Man kommt nicht umhin, einen Diktator zu mögen, wenn man in seinem Land ist, wo man so viel Gutes über ihn hört und nichts Schlechtes. Hitlers stärkste Waffe scheint seine äußerst wirksame Propaganda zu sein.

18. August – München

Spät aufgestanden und mit dem Gastwirt unterhalten, der ein großer Anhänger von Hitler ist. Liefen den restlichen Vormittag durch München. Am Nachmittag das Deutsche Museum besucht. Es ist unglaublich interessant. Es umfasst alles und ist gewiss das Lehrreichste, was wir gesehen haben. Wir haben es rundum genossen und waren schrecklich enttäuscht, als wir merkten, dass wir es nicht ganz schaffen würden. Die Deutschen haben ganze Arbeit geleistet. Hier zeigt sich ihr Sinn fürs Detail. Am Abend sahen wir uns »Swing High, Swing Low« auf Englisch an. Unser erster Film seit Paris. Zurück am Auto fanden wir eine Nachricht von Iselin und Pourtales. Trafen sie daraufhin im Hofbräuhaus. Sie hatten ein Mädchen aus Boston namens Ann Hollister dabei. Wir gingen in einen Münchener Nachtclub, der schon etwas ungewöhnlich war.

19. August – München – Nürnberg

Unter den üblichen Verwünschungen und dem Hinweis, dass wir keine Gentlemen seien und dass sich Deutsche niemals so benehmen würden, verließen wir die Pension Bristol, die, von zweifelhaften Geldangelegenheiten abgesehen, sehr schön gewesen ist. Wir trafen Portales und Iselin bei American Express, außerdem Harlon Swift. Dann brachen wir nach Nürnberg auf. Kamen verdammt spät dort an, nach einer äußerst interessanten Fahrt, und fanden nach einigen Schwierigkeiten ein Hotel mit einem sehr mürrisch dreinblickenden Gastwirt. Wir ahnten, dass wir ihn am Morgen vermutlich besser kennenlernen würden.

20. August – Nürnberg – Württemberg

Wie erwartet gab es Ärger mit dem verdammten Besitzer. Er war sogar noch schlimmer, als wir befürchtet hatten. Weil wir uns weigerten, 60 Cent zu bezahlen, die er uns mit allen Mitteln aus der Tasche zu ziehen versuchte, endete das Ganze damit, dass er uns flugs an die Luft setzte und uns beim Hinausgehen bespuckte. Zumindest war das unser Eindruck. Wir gerieten in Nürnberg in eine Art Kaufrausch, kauften uns beide eine Kamera, da mir meine in Rom gestohlen worden war. Jack kaufte eine Kuckucksuhr und Spielsachen für seine Familie. Wir suchen seit längerem nach einem Dackel für Olive, haben bis jetzt aber keinen gefunden. Nach dem Mittagessen fuhren wir nach Württemberg und schauten auf der ganzen Fahrt weiter nach einem Hund, was aussichtslos schien. Wir kauften schließlich in Württemberg einen für acht Dollar, den wir »Dunker« tauften, nach dem einzigen Wort, das wir auf Deutsch kannten. Er war wirklich ein niedliches Ding, doch Jack bekam sofort Asthma und eine Allergie, daher stehen seine Chancen, es bis nach Amerika zu schaffen, eher schlecht. Die erste Nacht mit ihm bereitete uns einige Sorgen, da wir ihm beibringen mussten, im Bett zu bleiben. Er lernte sehr schnell. Eine Sache bringen wir ihm allerdings nicht bei, und das macht ihn zu einem Problem, denn wenn er muss, dann muss er.

21. August – Württemberg – Köln

Machten uns über Frankfurt auf den Weg nach Köln. Wir hielten unterwegs immer wieder, um einen weiteren Dackel zu finden, weil Dunker so niedlich ist. Wir wollen beide einen, um den wir uns kümmern können, aber wir hatten einfach kein Glück (zum Glück!), also fuhren wir weiter den Rhein entlang. Die Fahrt ist sehr schön. Entlang der Strecke liegen überall Burgen. Zeit, um anzuhalten und uns auch nur eine anzusehen, hatten wir nicht. Diese deutschen Städte sind alle sehr reizend, sauber und durchdacht. Darin unterscheiden sie sich ganz klar von den schmutzigen kleinen italienischen Städten, die uns so sehr missfallen haben. Die Deutschen scheinen ihre Sache gut zu machen, ihr einziges Problem ist, dass sie sich dessen etwas zu bewusst sind. Wir kamen spät in Köln an und fanden nur mit großen Schwierigkeiten ein günstiges Zimmer, da die Stadt sehr voll war. Immerhin fanden wir ein wirklich schönes.

22. August – Köln – Amsterdam

Um sechs Uhr aufgestanden, was zur Gewohnheit geworden ist, seit wir »Dunker« haben. Es ist dann zwingend nötig, mit ihm rauszugehen, auch wenn ich zugeben muss, dass es eigentlich nicht viel bringt. Der Morgen war wirklich miserabel, aber wir trennten uns äußerst freundschaftlich von unserer Gastwirtin. Wir gingen zur Messe in den Dom, der ein wundervolles Beispiel gotischer Architektur auf ihrem Höhepunkt ist. Es ist wirklich die schönste Kathedrale, die wir besichtigt haben. Merkwürdigerweise haben wir in Kunst 202 nie etwas davon gehört. Von Köln fuhren wir nach Utrecht über eine der Autobahnen, welche die besten Straßen der Welt sein sollen. In Deutschland scheinen sie allerdings vollkommen unnötig zu sein, da es hier kaum Verkehr gibt. Vielleicht schwebt Hitler mit ihrem Bau ja etwas anderes vor, und er hat vor, sie für militärische Zwecke zu nutzen. Überquerten die Grenze nach Holland, wo wir mindestens eine Stunde warteten. Alle holländischen Frauen sehen aus wie Juliana. Erfuhren gleich, was für ein Lebemann dieser Prinz Bernhard ist. Wir zahlten unsere Benzinsteuer bei der Einreise, was eine sehr vernünftige Idee zu sein scheint. Wir hielten in Doorn und sahen uns an, wo der Kaiser lebt. Zumindest sahen wir seine Wohnhäuser. Sie sind riesig, er lebt gewiss nicht in Armut. Wir verplemperten wieder etwas Zeit, um einen weiteren Dackel zu finden, und kamen ziemlich spät endlich in Amsterdam an. Kennedy ist die ganze Zeit am Jonglieren, also habe ich ihn schließlich dabei fotografiert.

23. August – Amsterdam – Den Haag

Aufgestanden und uns sofort nach einem weiteren Dunker umgesehen. Wir gingen sogar so weit, uns auf dem Hundemarkt umzuschauen – ohne Erfolg (wieder zum Glück!). Nach dem Mittagessen besuchten wir das Amsterdam Museum – Foto auf der gegenüberliegenden Seite – und schauten uns dort die vielen Rembrandts an, darunter die berühmte »Nachtwache« und sein Selbstbildnis. Beide Bilder spielen in dem Charles Laughton-Film über Rembrandt eine Rolle, was sie verdammt interessant machte. »Die Nachtwache« hat eine besonders interessante Geschichte. Unser Führer hat sie voll ausgebreitet. Jack suchte einen Arzt auf, um herauszufinden, ob seine Allergie an Dunker lag. Die Ergebnisse fielen für Dunker sehr ungünstig aus, daher überlegen wir, ihn loszuwerden, sobald wir ein gutes Zuhause für ihn finden und der Preis stimmt. Wir kamen ziemlich spät in Den Haag an und hatten große Schwierigkeiten, weil uns das Geld ausging. Wir fanden einen Kumpel bei der Heilsarmee, der ganz schön naiv war, aber uns genug Geld lieh, bis die Bank aufmachte.

24. August – Den Haag – Antwerpen – Gent

Am Morgen gleich zu American Express gegangen, wo wir einen sehr netten Mann kennenlernten, der uns den Hund für drei Dollar abkaufen wollte, was einen Verlust von fünf Dollar bedeutet hätte. Wir dachten darüber nach, während wir uns, kostenlos von einem Studenten geführt, Den Haag anschauten. Entschieden schließlich, Dunker zu verkaufen, und trennten uns sehr widerstrebend von ihm. Vorher machten wir noch zahlreiche Abschiedsfotos. Dann fuhren wir weiter nach Antwerpen. Wir passierten die Grenze nach Belgien in Rekordzeit und kamen gegen acht Uhr in Antwerpen an. Kennedy führte ein langes und teures Telefonat mit seiner Mutter, das er bar bezahlen musste, was er einem Missverständnis verdankte, da sein Französisch so schlecht ist. Wir fuhren ein Stück weiter und hielten gegen zehn Uhr, da Jack der Rücken sehr weh tat und ich jetzt fahren muss. Wir hielten in Gent und erfuhren später, dass Blambo zur gleichen Zeit dort war.

25. August – Gent – Calais

Verließen Gent nach einem Streit über den Eierpreis in Belgien und fuhren dann nach Ostende an den berühmten belgischen Strand. Unterwegs hielten wir an einer vermeintlich berühmten Kathedrale. Dank meines umfassenden architektonischen Wissens, das ich mir in Kunst 101 und 202 angeeignet hatte, datierte ich sie auf höchstens 1900, musste dann allerdings erfahren, dass sie gerade einmal zwei Jahre alt war. Vorher machte ich davon aber noch etliche Bilder. Wir waren sehr enttäuscht vom Strand von Ostende, da es furchtbar kalt und trostlos war. Wir saßen dort eine Weile lustlos im feuchten Sand, und ich baute ein paar Strandburgen nach dem Vorbild der französischen Schlösser. Wir fuhren weiter nach Calais, wo wir feststellen mussten, dass wir gerade die letzte Fähre verpasst hatten. Wegen einiger Aufregung um Kennedys Pass verpasste er auch das letzte Postschiff. Er wollte so schnell wie möglich übersetzen, da Joe und Kick in London waren, aber bald in die USA abreisen würden. Er nahm ein Stück die Küste hinunter ein anderes Schiff, und ich blieb mit dem Auto in Calais, um es am nächsten Tag zu überführen. Jack ging in Boulogne an Bord. Ich blieb in einem kleinen Gasthof in Calais und ging ziemlich früh ins Bett.

26. August – Calais – London – Canterbury

Sehr früh wach wegen des Krachs aus der Küche direkt unter meinem Fenster. Brachte das Auto, wie man es mir gesagt hatte, um 10:30 Uhr zum Hafen, musste dann aber feststellen, dass mein Schiff erst um zwölf Uhr ging. Die Überfahrt war sehr entspannt, aber kalt. Musste in Dover fast zwei Stunden auf die langsame Autofähre warten und brauchte dann eine weitere Stunde, um durch den sehr strengen englischen Zoll zu kommen. Machte mich schließlich auf den Weg nach Canterbury. Dort hielt ich und trank meine erste Tasse englischen Tee. Sah mir auch die Kathedrale an. Verglichen mit den französischen und deutschen ist sie wenig beeindruckend. Aber sie ist natürlich auch viel jünger. Gleiches galt für alle anderen berühmten englischen Kathedralen. Fuhr weiter nach London und kam dort gegen sechs Uhr an. Traf Jack, Joe und Kick im Piccadilly Hotel, einem sehr teuren Hotel, weshalb Jack und ich an den Talbot Square 17 in der Nähe des Lancaster Gate am Hyde Park fuhren. Hier bezahlten wir nur 1.25 pro Übernachtung mit Frühstück. Merkwürdigerweise erfuhr ich, dass Maine hier ebenfalls übernachtet hatte, ohne es uns zu empfehlen. Kick lud uns zu »French Without Tears« ein, was verdammt lustig war. Danach gingen wir alle ins Dorchester House, wo es nicht besonders fröhlich zuging. Ich schätze, weil der Sommer nicht die Jahreszeit ist, in der es in London ausgelassen zugeht.

27. August – London – Southampton

Verflixt früh aufgestanden und gerade noch den Zug an der Victoria Station erwischt. Setzten uns mit Joe, Kick und Joes Moorhuhn in die Erste Klasse. Wurden mindestens fünfmal rausgeschmissen, kehrten aber jedes Mal wieder zurück. Trafen Mrs. Kennedy am Schiff, unterhielten uns lange, während wir auf die Abfahrt der Manhattan warteten. Schließlich lief das Schiff aus, Joe als einziger Kerl inmitten vergnügter Mädels. Kennedy gönnte sich in ihrer Kabine reichlich Schokolade und Tomatensaft und sah auf der Rückfahrt im Zug dementsprechend grün im Gesicht aus. Als wir in London ankamen, hatte er einen Ausschlag. Nach einer kurzen Diskussion mit einem Polizisten über die Frage, wo wir das Auto parken dürfen, kehrten wir zurück an den Talbot Square. Kennedy war inzwischen richtig krank, und ich rief einen schrecklichen Arzt, der unangenehmer nicht hätte sein können.

28. August – London

Kennedy immer noch in schlechter Verfassung. Mache mir Sorgen um ihn, da er aussieht wie der Tod. Wir haben jedes verdammte Mittel gegen diesen Ausschlag ausprobiert. Trotzdem hält Kennedy sich wacker, wie ein kleiner Soldat. Da wir beide den jetzigen Arzt nicht leiden können, haben wir Doug Wilkinson gebeten, einen guten zu holen. Er kam, und nach einigen Anstrengungen wurden wir den anderen für ein Pfund los. Ich habe ein verdammt gutes Restaurant gefunden und sehe mich etwas in London um, aber meistens bleibe ich am Talbot Square.

28. August – London

Jack immer noch in ziemlich schlechter Verfassung, aber es geht ihm ein bisschen besser. Ich habe den ganzen Vormittag nach Büchern von Wodehouse für ihn gesucht, aber in keiner der kleinen Sonntagsbuchhandlungen an Charing Cross eines gefunden. Schaute mir Jean Harlow in ihrer letzten Rolle in »Saratoga« an. Der Film ist nicht so gut, aber interessant ist, wie Harlow nach ihrem Tod durch ein anderes Mädchen ersetzt wird. Ich ging nach Hause und fand Kennedy in der Obhut von Doris, dem Dienstmädchen, vor. Seine aktuellen Blutwerte sind in Ordnung.

29. August – London

Jack geht es viel besser, ganz wohl fühlt er sich aber immer noch nicht. Blambo kam am Morgen an, und ich ging mit ihm rüber in sein Hotel, da er hier bei uns einzieht. Ich aß zu Mittag mit ihm und seinem belgischen Mädchen, das ziemlich alt aussieht und seltsamerweise ganz verrückt nach Blambo zu sein scheint. Am Nachmittag ging ich einkaufen und entdeckte ein Sakko. Besichtigte auch den Tower of London, von dem ich sehr enttäuscht war. Ich weiß nicht, warum, aber ich habe viel mehr erwartet. Kam ziemlich spät zurück und nahm Jack mit zum Einkaufen. Er bestellte sich ebenfalls ein Sakko, bei Selfridges. Am Abend gingen Blambo und ich noch etwas aus und kehrten mit Blambos Freundin vom Piccadilly dann zum Talbot Square zurück, um uns den Boxkampf zwischen Tommy Farr und Joe Louis anzuhören. Die walisische Naturgewalt begeisterte sehr.

30. August – London

Kennedy jetzt gesund. Waren den ganzen Vor- und Nachmittag einkaufen. Nach dem Abendessen ins Kino und danach über Piccadilly nach Hause. London ist wirklich eine Stadt zum Einkaufen. Sämtliche Herrenkleidung kostet nur halb so viel, ist aber doppelt so gut wie alles, was man in Amerika bekommt.

31. August – London

Einen faulen Tag verbracht, in London herumgetrieben und für Schloss Herstmonceau gepackt. Sir Paul Latham hat uns dorthin eingeladen. Die Zeit kann in London gewiss schnell vergehen, aber wir wussten nicht so recht, was wir damit anfangen sollten. Sahen uns am Abend nach dem Kino noch etwas um und gingen dann ziemlich früh ins Bett.

1. September – London – Herstmonceau Castle

Früh aufgestanden und den ganzen Vormittag eingekauft. Obwohl wir so oft einkaufen waren, haben wir bis jetzt noch nicht viel vorzuweisen. Aber das ist das Schöne an den englischen Geschäften: Es scheint egal zu sein, wie lange man sich umsieht, ohne etwas zu kaufen. Wir kauften uns trotzdem beide einen schwarzen Abendmantel und ein paar Geschenke für unsere Familien. Jack ist dabei, sich einen riesigen Vorrat an Wollsocken anzulegen. Nach dem Mittagessen zu Sir Paul aufgebrochen. Der Verkehr war furchtbar, deshalb kamen wir erst gegen fünf dort an. Das Schloss ist wirklich unglaublich schön. Ich wusste nicht, dass es so etwas gibt. Es wurde während oder kurz nach Wilhelm dem Eroberer gebaut. Sir Paul kaufte es als Ruine und baute es komplett wieder auf. Es ist riesig und hat endlos viele Schlafzimmer. Die Gärten sind wunderschön angelegt, und die Hecken sind geschnitten wie Befestigungsanlagen. Er hat auch einen Pool und einen Tennisplatz. Es sind viele spanische Flüchtlinge hier, die einen eigenen Flügel bewohnen und die man nie zu Gesicht bekommt. Wir aßen sehr gut, aber äußerst lange zu Abend und gingen dann ins Bett. Mein Zimmer ist verdammt schön – das Bett ist riesig –, und ich war beeindruckt, dass jedes Zimmer ein eigenes Bad hat, was in England sehr unüblich ist.

2. September – Herstmonceau Castle

Wir standen sehr spät auf. Sir Paul war nach London gefahren, daher hatten wir das Schloss ganz für uns allein. Wir hatten vorgehabt, am Abend nach Schottland weiterzureisen, doch je später es wurde, desto schöner fanden wir das Schloss, daher beschlossen wir, übers Wochenende zu bleiben. Auf das nicht allzu sanfte Zureden von Stanley, der »scheuen Seele«, entschieden wir uns dann jedoch, trotzdem abzureisen. Dieser Kerl macht Sir Paul ganz schön was vor. Wir brachen sehr spät auf und kamen gerade noch rechtzeitig in London an, um uns »The Flying Scot« anzusehen, nachdem wir das Auto in einer Garage abgestellt hatten. Wir fuhren Dritte Klasse, wo wir nur eine Decke und ein Kissen bekamen. Es war verdammt unbequem, aber wir konnten trotzdem ein wenig schlafen.

3. September – Kinross-shire

Kamen gegen 8:30 Uhr in Kinross an und wurden von Sir James' Chauffeur abgeholt, der uns direkt nach Ledlanet brachte. Dort trafen wir einen äußerst gesund aussehenden Sir James auf 8000 Morgen Land. Er nahm uns sofort mit an seinen See, wo wir den ganzen Vormittag angelten. Gar nicht so leicht, eine Angel auszuwerfen. Kennedy und ich fingen gerade einmal zwei Fische, da uns Sir James sagte, wir sollten alle anderen zurück in den See werfen. Sir James selbst hatte mehr Glück. Am Nachmittag streiften wir durch das Moorland und versuchten, Hasen zu jagen, die sehr schwer zu treffen sind. Weder Kennedy noch Sir James oder ich schossen einen. Das Essen hier ist verdammt gut, und wir fangen endlich an, uns wieder einigermaßen gesund zu fühlen. Lady Calder ist wirklich sehr nett, und abends unterhält uns Sir James mit seinen Witzeleien. Alle gehen um 22 Uhr ins Bett, und dort sollen wir dann auch bleiben, da Sir James sehr eigen ist, was den Stromverbrauch angeht.

4. September – Kinross-shire

Früh aufgestanden und mit Sir James und Jack in den Gottesdienst gegangen. Sehr lustiger kleiner Gottesdienst. Die Landschaft hier ist wirklich schön, und es gibt viele weltberühmte Golfplätze wie Gleneagles und St. Andrews. Wir aßen üppig zu Mittag und spazierten anschließend mit Sir James und seinen zehn Hunden durch die Hochlandmoore – und sahen einige Moorhühner. Vor dem Abendessen machten wir noch einen Spaziergang mit Sir

James' Sohn, um nach Hasen Ausschau zu halten. Es gibt hier oben wirklich viele. Man geht über einen Hügel und sieht plötzlich ein ganzes Feld voll davon. Und das Feld scheint sich zu bewegen. Wie üblich gingen wir früh ins Bett, nach einer heiteren Runde.

5. September – Kinross-shire

Früh aufgestanden, da Sir James jeden Morgen um acht Uhr frühstückt und alle anwesend zu sein haben. Gegen neun Uhr, nachdem wir uns so warm wie möglich angezogen hatten, brachen wir mit Sir James' Wildhüter auf in die Hochlandmoore, um Moorhühner zu schießen. Das Wetter hätte nicht schlechter sein können. Liefen den ganzen Vormittag herum, ohne auch nur ein einziges vor die Flinte zu bekommen. Kamen schließlich an einen kleinen See, wo wir Mittagspause machten. Kennedy tötete dort eine Ente. Kurz darauf schoss Kennedy sein erstes Moorhuhn. Es dauerte etwas, bis wir es fanden, aber am Ende stieß der Hund darauf. Ich war als nächstes an der Reihe, schoss auf etwa drei Tiere, traf aber offenbar keines. Wir wechselten uns eine Weile ab, und nachdem wir ungefähr zwei weitere Stunden herumgelaufen waren, schoss Kennedy schließlich sein zweites. Ich hatte inzwischen genug. Es schüttete, und ich konnte durch mein Fernglas so gut wie nichts sehen. Als wir nur noch zwei Schuss übrig hatten, sagte ich, jeder von uns könne einen haben. Schließlich hob ein Moorhuhn ab, und endlich traf ich. Ich freute mich sehr, da ich schon ziemlich entmutigt gewesen war. Kennedy traf mit seinem letzten Schuss ein weiteres, und wir gingen müde und durchnässt, aber glücklich zurück. Wir haben alles gepackt und sind bereit zur Abfahrt. Ich habe gerade einen wunderbaren Roman fertiggelesen, er heißt »Paradise« [von Esther Forbes]. Es ist in etwa die gleiche Idee wie »Vom Winde verweht«. Wir gingen früh ins Bett, um für die Fahrt am nächsten Tag ausgeruht zu sein.

6. September – Kinross-shire – Edinburgh – London

Früh aufgestanden und zum Zug geeilt, den wir gerade noch erwischten. Wir kamen gegen zwölf Uhr in Edinburgh an und gingen auf der Princes Street einkaufen. Habe mir ein paar wunderschöne Sachen aus Tweed und Wolle gekauft. Später schauten wir uns Edinburgh Castle und Holyrood Palace an. Von der Burg waren wir etwas enttäuscht, aber Holyrood Palace gefiel uns sehr. Die Räume von Maria Stuart befinden sich noch im Originalzustand, alles andere ist abgebrannt und wurde wieder aufgebaut. Edinburgh ist eine sehr interessante alte Stadt, aber alles andere als vergnüglich. Alles liegt schrecklich weit auseinander, und wir mussten weite Strecken gehen, um es zu sehen. In Holyrood Palace beeindruckte uns am meisten das Gemälde von Maria Stuart, das ein englischer Künstler namens David gemalt hat. Wir waren uns einig, dass es das schönste Bild ist, das wir je gesehen hatten. Wir nahmen gegen fünf Uhr den »Coronation Scot« Expresszug zurück nach London, wo wir gegen elf Uhr ankamen. Ein wirklich schöner Zug. Die Abteile in der Dritten Klasse sind besser als die Erste Klasse in allen anderen Zügen. Wir fuhren wieder zum Talbot Square 17 und stellten fest, dass man uns umquartiert hatte.

7. September – London

Spät aufgestanden und zu American Express gegangen. Ein paar Briefe von Mutter erhalten sowie eine Vorladung, am 25. September vor Gericht zu erscheinen. Großer Lacher, da ich bis dahin zurück in Princeton bin. Habe auf der falschen Straßenseite in der Nähe von Selfridges geparkt. Wir gingen am Nachmittag ein wenig einkaufen und dann zurück, um Blambo am Talbot Square zu treffen. Wir erfuhren, dass er mit Sir Paul ausgegangen war, der anrief, als wir weg waren. Wir gingen ins Kino und dann zurück nach Hause, um Blambo und Sir Paul zu treffen. Blambo war schon zurück, nachdem er Sir Paul und Lady Latham im Ballett sitzengelassen hatte. Wir überredeten ihn, zurückzugehen, und brachen auf, um uns ein bisschen die Stadt anzusehen. Kamen nach Hause und gingen müde, aber glücklich ins Bett.

8. September – London

Aufgestanden und Blambo in sehr schlechter Verfassung vorgefunden, tatsächlich so schlecht, dass er die ganze Nacht mit dem Moorhuhn verbracht hat, das ihm die reizenden Mädchen vom Talbot Square ins Bett gelegt hatten. Also ließen wir ihn im Bett und in der Obhut unserer reizenden Gastgeberinnen zurück und gingen erneut einkaufen. Wir gingen ins Wachsfigurenkabinett Madame Tussauds, das verdammt interessant ist. Die Figuren sehen so echt aus, dass man tatsächlich auf Angestellte hereinfällt, wenn sie so tun, als wären sie aus Wachs. Wir riefen Blambo an, verpassten ihn aber. Also gingen wir Mittagessen und dann in »Double or Nothing«, einen Film, den ich ganze drei Mal sehen musste. Beim ersten Mal richtig gut. Ziemlich früh ins Bett gegangen.

9. September – London

Früh aufgestanden und alles vorbereitet, um London und Europa zu verlassen. Hoben noch einmal hundert Dollar ab und bezahlten unsere gesamte Kleidung. Gingen zu United States Lines und erfuhren, dass wir das Auto um 8:30 Uhr in Southampton abgeben müssen, was bedeutet, dass Kennedy und ich um fünf Uhr losfahren müssen. Wir stellten fest, dass sowohl Simpsons als auch Selfridges Kennedys Bestellungen alle durcheinandergebracht hatten, was bedeutet, dass er dableiben und am Morgen nochmal hingehen muss. Der alte Lemmer muss also allein um fünf Uhr nach Southampton fahren. Wir gingen abends ins Kino und früh ins Bett – nach einer heiteren Runde mit unseren überaus liebreizenden Gastgeberinnen.

10. September – London – Southampton und S. S. Washington, 10.–16. September

Um 5:30 Uhr aufgestanden – noch nie so schlecht gefühlt – und nach Southampton gequält, das sehr schwer zu finden war. Um neun Uhr dort angekommen, in panischer Angst, dass sie das Auto nicht mehr aufladen würden. Es dauerte etwa eine Stunde, bis ich alle Formalitäten erledigt hatte, um das Auto aus England überführen zu können. Dann stand es da am Kai. Ich lief vor dem Schiff auf und ab. Die Menschen an Bord wirkten bunt zusammengewürfelt – unter ihnen Hugh Wilson, den wir in St. Jean de Luz getroffen hatten.

Kennedy und sein stinkendes Moorhuhn kamen mit dem Zug zum Hafen. Natürlich hatte er das Abteil für sich allein, praktisch den ganzen Zug. Junge, haben diese Moorhühner gestunken! Blambo kam nicht mit. Das Auto war immer noch nicht verladen. Ich hätte locker erst um zehn Uhr damit aus London losfahren können. Das Schiff legte schließlich um 15 Uhr ab, und wir hatten immer noch niemanden an Bord entdeckt. Der Zahlmeister wies uns einen miserablen Tisch zu, den wir lieber wechseln wollten. Glücklicherweise entdeckten wir drei Mädchen, die ziemlich hübsch aussahen, also wurden wir dort hingesetzt. Eadie und P.J. Garver und Missy Geer waren auch da. Außerdem waren genug Jungs an Bord, sodass es nach einer lustigen Überfahrt aussah. George Roberts, die Cummings Brüder und ein großer Philipino. Auch der General und seine Tochter beehrten das Schiff wieder mit ihrer Anwesenheit. Am ersten Abend und am ganzen nächsten Tag machten wir vor den Mädchen an unserem Tisch auf unnahbar – eine Taktik, die sich als erfolgreich erwies, da wir damit ihr Interesse weckten. Wir wurden an Bord sehr athletisch und trainierten jeden Tag ausgiebig im Sportraum. Ein Weltmeister im Ringen, ein Kerl namens Johannes van [der Walt], der Jim Londos in Südafrika geschlagen hatte, suchte nach Jungs, die mit ihm trainierten. Die Wahl fiel auf mich, und ich rang zweimal mit ihm. Er brachte mich fast um. Ich habe noch nie einen so starken Mann erlebt. Ich konnte ihn, wenn er es verhindern wollte, nicht einmal von der Stelle bewegen. Wir spielten jeden Tag Volleyball. Trafen Mr. McCleary, der mit seiner Braut zurückreiste. Am 16. legten wir gegen ein Uhr morgens an. Mutter, Onkel Ike, Rip, Kick und Olive waren da, um uns abzuholen. Mr. Harris war da, um uns reibungslos durch den Zoll zu bringen. Nach einer herrlichen Reise bin ich also wieder in den USA. Ich bin tieftraurig, dass sie vorbei ist.

»Hitler scheint hier sehr beliebt zu sein«

John F. Kennedys deutsche Reisen zwischen Einsicht und Irrtum

OLIVER LUBRICH

Präsident Kennedy will Adolf Hitler besuchen – im Jahr 1964, zum 75. Geburtstag des ›Führers‹. Auf dieser provokativen Idee beruht Robert Harris' Bestseller *Fatherland* (1992), und in Christopher Menauls Film findet der Besuch spektakulär statt. In diesem Schreckensszenario, in dem ›Germania‹ in Europa den Krieg gewonnen hat und nun eine Verständigung mit den USA herbeiführen will, ist es Joseph P. Kennedy, der als Präsident nach Berlin reist. In der Wirklichkeit war es sein Sohn, John F. Kennedy, der 1963 in der geteilten Stadt eine legendäre Rede hielt (»Ich bin ein Berliner«). Weniger bekannt ist, dass JFK bereits als junger Mann drei Reisen nach Deutschland unternahm: 1937, nach seinem ersten Jahr in Harvard, als Student; 1939, vor dem Beginn des Krieges, als Botschaftersohn; und 1945, während der Potsdamer Konferenz, als Reporter. Der junge Kennedy kam in unterschiedlichen Missionen: einer touristischen, einer diplomatischen und einer journalistischen. Und er gewann richtungsweisende Einsichten: zur Diktatur, zum Krieg und zum Systemkonflikt.

Auf seinen Reisen verfasste der junge Kennedy Aufzeichnungen, die er nie veröffentlicht hat: ein persönliches Tagebuch (1937), einige Briefe (1939) und Entwürfe für Reportagen (1945). Diese Dokumente wurden 2013 erstmals zusammengestellt und in deutscher Sprache zugänglich gemacht: *John F. Kennedy – Unter Deutschen*. Sie zeigen, mit welchem Interesse ihr Verfasser auf die Deutschen blickte, wie er ihr Verhältnis zu Hitler zu ergründen versuchte und wie sich dabei sein Denken veränderte.

In der kontrafaktischen Geschichte von Robert Harris' Roman hängt das Schicksal der Welt vom Berlin-Besuch Joseph P. Kennedys ab. Aber auch die tatsächlichen Reisen des jungen John F. hatten nachhaltige Auswirkungen, und sie werfen weitreichende Fragen auf: Was bedeuten die deutschen Erfahrungen für seine Präsidentschaft? Welche Rolle spielen sie für seine Deutschland- und Berlin-Politik? Wie können wir anhand der frühen Aufzeichnungen den späteren Staatsmann in seiner Entwicklung verstehen?

Kennedys Amtszeit (20. Januar 1961 bis 22. November 1963) stand im Zeichen der Systemkonkurrenz und der Kriegsgefahr. Dramatische Ereignisse waren die Invasion in der Schweinebucht (17. April 1961) und der Bau der Berliner Mauer (13. August 1961). Die Kuba-Krise und die Berlin-Krise brachten die Menschheit an den Rand eines neuen Weltkrieges. Die entscheidenden Fragen seiner Regierungsjahre beschäftigten Kennedy, während er als junger Mann Europa und Deutschland bereiste: Wie funktioniert eine Diktatur? Wie lässt sich ein Krieg abwenden? Und wie ist einem alternativen Gesellschaftsentwurf zu begegnen?

Mit totalitären Gesellschaften machte Kennedy erste Erfahrungen, als er 1937 das faschistische Italien und das nationalsozialistische Deutschland kennenlernte und in Frankreich an der spanischen Grenze mit Flüchtlingen des Bürgerkriegs sprach. Den Weg in einen Krieg konnte er erstmals studieren, als er im Sommer 1939 München, Berlin und Danzig besuchte: die Orte, an denen der Konflikt zunächst entschärft worden war, die Entscheidung zum Angriff fiel und der Überfall auf Polen begann. Den Anfang des Kalten Krieges erlebte er, als er sich 1945 in Potsdam aufhielt, während die Siegermächte dort über die Friedensordnung verhandelten.

Auch Kennedys Verbindung zu Deutschland, sein öffentliches Eintreten für (West-)Berlin und sein vielzitierter Satz, den er am 26. Juni 1963 einer begeisterten Menge in deutscher Sprache zurief, sind vor dem Hintergrund seiner Kenntnis des Landes zu sehen.

Im Verlauf seiner Reisen löste sich der spätere Präsident allmählich vom politischen Programm seines mächtigen Vaters, der dafür eintrat, dass die USA sich aus Europas Konflikten heraushalten und den Diktaturen nicht widersetzen sollten. (»America First!«) Er wandelte sich vom Isolationisten zum Interventionisten.

Bei Kennedys dreifacher Auseinandersetzung mit Nazi-Deutschland handelt es sich um die frühen Erfahrungen eines späteren Weltpolitikers, die im Rückblick bedeutend werden, aber auch um historische Zeugnisse, die als solche bedeutsam sind. Denn sie geben zunächst beispielhaft Aufschluss darüber, wie ein Amerikaner die deutsche Diktatur erleben konnte – vor Ort, zu verschiedenen Zeitpunkten; und wie er seine Beobachtungen aufgeschrieben hat – unmittelbar, in wechselnden Formen.

Wie also hat John F. Kennedy 1937, 1939 und 1945 das ›Dritte Reich‹ wahrgenommen – in der Phase der Konsolidierung, vor dem Angriffskrieg und nach dem Untergang? Welche Einsichten enthalten seine Aufzeichnungen? Aber auch welche Irrtümer, Fehleinschätzungen und blinden Flecken werden nachträglich sichtbar?

1937 – Diktatur

Nach seinem ersten Studienjahr in Harvard unternimmt der zwanzigjährige John »Jack« Kennedy (geboren am 29. Mai 1917) im Sommer 1937 zusammen mit seinem Schulfreund Kirk LeMoyne »Lem« Billings (1916–1981) eine ausgedehnte Bildungs- und Vergnügungsreise: eine *Grand Tour* durch Europa. In Kennedys Ford-Cabriolet, das sie überführen, fahren Jack und Lem durch Frankreich, zur spanischen Grenze, nach Italien, Österreich und Deutschland und schließlich über die Niederlande und Belgien, mit dem Schiff, nach England.

Unterwegs führt Kennedy ein Journal. In ein gebundenes Notizheft mit dem aufgedruckten Titel »My Trip Abroad« schreibt er auf rund 90 Seiten tageweise datierte Einträge, die er nachträglich offenbar nicht mehr bearbeitet, so dass sie ein unverfälschtes Bild seiner damaligen Sichtweise geben. Dieses Reisetagebuch hat verschiedene Dimensionen: eine private, eine kulturelle und eine politische.

Vordergründig haben die College-Schüler in ihren Sommerferien vor allem Spaß. Sie treffen Bekannte, gehen in Kinos, feiern in Bars. So suchen sie in München das Hofbräuhaus auf, anschließend noch einen Nachtclub, und sie sehen sich einen Hollywoodfilm an: *Swing High, Swing Low*, eine Liebesgeschichte mit Carole Lombard.

Immer wieder ist von Frauen die Rede. Die Fahrt ins ›Dritte Reich‹ beginnt mit einer süffisanten Bemerkung: »Picked up a bundle of fun« (»Gabelten ein Spaßbündel auf«, »Luden eine Fuhre Vergnügen auf«). Gemeint ist wohl eine nicht identifizierte junge Frau, Johanna, die sie unterwegs mitgenommen haben. Vermutlich ist es diese Reisebekanntschaft, auf die Kennedy in der Folge wiederholt eingeht: »Her Ladyship«, bemerkt er zweimal sarkastisch, sei mit der schlichten Unterkunft nicht zufrieden gewesen. Es könnte allerdings auch sein, dass er mit diesem spöttischen Titel seinen mutmaßlich homosexuellen Freund Billings meint, für den er immer wieder neue Spitznamen erfindet.

Denn während Kennedy auf Affären aus ist (im Tagebuch ist die Rede von zahlreichen Flirts und Dates und sexuellen Eroberungen), muss es Billings anders ergangen sein. Lem soll Jack in der Schule Avancen gemacht haben, die dieser lapidar zurückwies, ohne dass es die Beziehung der beiden weiter gestört hätte. Billings besuchte Kennedy als engster Freund noch im Weißen Haus, wo ihm ein Gästezimmer zur Verfügung stand.

In Kennedys Tagebuch erscheint der Reisegefährte zuweilen als komische Figur. Billings ist Kennedys *Sidekick*, über den sich der Millionärssohn liebevoll lustig macht, wenn er ausgerechnet am Wallfahrtsort Lourdes krank wird, nach französischem Essen riecht oder einen Sprint einlegen muss. In Notre-Dame wartet der Protestant stundenlang im Kirchenschiff, während sein katholischer Freund einen Platz beim Altar ergattert. Am Ende lässt ihn Kennedy in Boulogne mit dem Auto zurück, um selbst das Postschiff nach England nehmen zu können.

Ein weiterer Begleiter ist ein in Deutschland erworbenes Haustier: ein Dackel (»Dachshund«), den Kennedy nach dem Sekretär des Botschafters der USA in Paris, Carmel Offie, benennt. Dass die beiden Amerikaner die nationalsozialistische Diktatur zusammen mit einem Tier bereisen, erinnert an den kuriosen Transit der Schriftstellerin Virginia Woolf, die das Land zwei Jahre zuvor mit ihrem Hausäffchen »Mitz« durchquert hatte, um so die Aufmerksamkeit der Einheimischen von ihr selbst ablenken und ihre eigenen Reaktionen auf den Faschismus in ihrem Tagebuch protokollieren zu können.

Der Hund bringt ein Problem zutage, das in Kennedys

Leben eine wichtige Rolle spielte: seine gesundheitlichen Beschwerden. Denn er reagierte allergisch und bekam einen besorgniserregenden Ausschlag. Zeitlebens litt er unter Schmerzen aufgrund chronischer Krankheiten (im Magen, im Darm, am Rücken). Wenn er eine Biographie schreiben würde, hat Billings gescherzt, müsste diese einen medizinischen Titel haben: »John F. Kennedy – Eine Patientengeschichte«.

All dies wird im Tagebuch nebenbei mitgeteilt. Der Stil der Aufzeichnungen ist lakonisch. Kennedys jungenhafter Humor kommt in saloppen Formulierungen zum Ausdruck, aber auch in einer trockenen Ironie, die sehr anspielungsreich und nicht immer auf Anhieb verständlich ist. So stellt er dem Tagebuch eine Liste sämtlicher Unterkünfte voran, von denen er all jene mit Sternchen versieht, wo ihm beschieden wurde, er sei »kein Gentleman!« Diese eigenwillige Auszeichnung erhalten insgesamt zehn Etablissements, zwei davon sogar doppelt. Weil Billings über weniger Mittel verfügte, stiegen die jungen Männer in günstigen Pensionen oder in einer Jugendherberge ab. Dabei scheinen sie sich schlecht benommen zu haben. Immer wieder ist die Rede von »Ärger«, den sie sich einhandeln, wenn es um die Bezahlung geht oder um hinterlassene Sachschäden.

Die Studenten der Elitehochschule Harvard sind aber durchaus auch kulturell interessiert. Ihre Reise ist ein touristisches *Sightseeing*. Kennedy berichtet von Kathedralen (Rouen, Beauvais, Notre-Dame, Orléans, Mailänder

Dom, Petersdom, Kölner Dom), von Schlössern (Thierry, Fontainebleau, Versailles, Chambord, Blois, Amboise, Chenonceau und die Burgen am Rhein), von Museen (Louvre, Vatikan, Deutsches Museum) und von anderen historischen Stätten (Invalidendom, Lourdes, Kolosseum, Engelsburg, Pompeji). Er sieht Leonardo da Vincis »Letztes Abendmahl« in Mailand und Michelangelos »David« in Florenz.

Jeden Sonntag geht der praktizierende Katholik zur Messe – so auch in den Kölner Dom, wo er die gotische Architektur bestaunt. Er besucht Oberammergau, wo die Passionsspiele aufgeführt werden. Dabei erwähnt er Anton Lang, der als Darsteller mehrfach den Christus gegeben hatte und dadurch auch international bekannt geworden war.

Die beiden Touristen fahren außerdem nach Garmisch-Partenkirchen, wo das Hitler-Regime die Olympischen Winterspiele inszeniert hatte. Im Deutschen Museum in München bewundern Kennedy und Billings die Installationen zum Bergbau und zur Luftfahrt als Ausdruck von deutschem Perfektionismus. Beide heben in ihren Aufzeichnungen die Schönheit des Rheintals hervor, mit den malerischen Dörfern und Burgen, aber auch die Modernität der Reichsautobahnen, die bekanntlich zu militärischen Zwecken angelegt waren.

Zwischen studentischen Abenteuern und touristischen Impressionen stellt Kennedy im Verlauf der Reise politische Betrachtungen an, die aus heutiger Sicht von besonderem Interesse sind. Eine Reihe von Beobachtungen an den vorherigen Stationen bereitet dabei die Auseinandersetzung mit dem nationalsozialistischen Deutschland vor. So besichtigen die Studenten schon kurz nach ihrer Ankunft in Frankreich die Schlachtfelder des Ersten Weltkrieges: den Chemin des Dames, das Fort de la Pompelle, die beschossenen Kathedralen von Soissons und Reims sowie den amerikanischen Soldatenfriedhof unweit des Château Thierry. An der spanischen Grenze sehen sie die baskische Stadt Irún, die von den Franquisten zerstört wurde, und sie hören die furchtbaren Geschichten der Flüchtlinge. Ganz in der Nähe hat die deutsche »Legion Condor« drei Monate zuvor die Stadt Guernica bombardiert. Das Gemälde, das Pablo Picasso als Reaktion hierauf malte, wurde im Spanischen Pavillon auf der Pariser Weltausstellung (25. Mai bis 25. November 1937) gezeigt.

Kennedy und Billings besuchen diese Ausstellung, auf der sie auch die monumentalen Pavillons des Deutschen Reiches und der Sowjetunion sahen, die einander am Eiffelturm als Architektur gewordener Systemkonflikt gegenüberstanden. In Notre-Dame nehmen sie an einer Messe von Kardinal Eugenio Pacelli teil, dem späteren Papst Pius XII. und früheren apostolischen Nuntius im Deutschen Reich, der 1933 das Konkordat mit der Regierung Hitler unterzeichnete – und der ein Freund von Kennedys Vaters ist.

Nachdem er in seinem *Freshman Year* Lehrveranstaltungen in politischer Geschichte belegt hat, weiß Kennedy, wie unvollkommen seine Kenntnisse noch sind. Das Wort »Faschismus« (»Fascism«) schreibt er im Tagebuch durchweg falsch (»Facism«). Er gibt zu, wie leicht man zu beeinflussen sei, »wenn man keine Ahnung hat« (»if you know nothing«). Aber er sucht nach Aufklärung, und zwar systematisch – beinahe wie ein politischer Journalist oder wie ein angehender Ethnologe im Feld. Unterwegs liest er ein Buch des US-amerikanischen Korrespondenten John Gunther, das ein Panorama der Gesellschaftsformen und Führungspersönlichkeiten der wichtigsten europäischen Länder zeichnet: *Inside Europe* (1936). Überall werden Einheimische interviewt oder Fremde im Auto mitgenommen, unter ihnen deutsche Soldaten, aber auch ein Gegner der Nazis. Kennedy spricht mit Enrico Galeazzi, dem Sekretär Kardinal Pacellis, und mit Arnaldo Cortesi, dem Italien-Korrespondenten der *New York Times*, die ihm die »Vorzüge« des Faschismus vor Augen führen wollen, insbesondere den »Korporatismus« als System des staatlichen Ausgleichs von Ständeinteressen. »Es schien tatsächlich etwas dran zu sein«, schreibt Kennedy leichtgläubig, wenn auch zögerlich. Im italienischen Alltag meint er erkennen zu können: »Der Faschismus scheint ihnen gut zu tun«. Zugleich weiß er, dass Mussolini gerade erst einen Kolonialkrieg geführt (1935–1936) und Äthiopien beziehungsweise Abessinien besetzt hat.

Ihr Weg durch Deutschland führt die Studenten an Orte, die bei der Nazifizierung des Landes eine besondere

Rolle spielten: vor allem München, die »Hauptstadt der Bewegung« und des Hitler-Putsches (1923), sowie Nürnberg, die »Stadt der Reichsparteitage« (deren Schauplatz auf der Pariser Weltausstellung als Modell vorgestellt wurde). Dort verpassen sie Hitlers Ankunft nur knapp. Sie halten sich am 19. und 20. August 1937 in Nürnberg auf; der »Reichsparteitag der Arbeit« findet vom 6. bis 13. September 1937 statt. Lem Billings erklärte im Rückblick, sie hätten »immer bereut«, dass sie nicht länger geblieben seien, um Adolf Hitler zu sehen.

Dank des Umstands, dass nicht nur Kennedys Tagebuch erhalten ist, sondern auch das Tagebuch von Lem Billings, können wir zwei Wahrnehmungen derselben Reise miteinander vergleichen. Die beiden Zeugnisse stimmen in vielem überein, zum Teil sogar wörtlich, was darauf zurückzuführen sein mag, dass die Freunde sich vor Ort über ihre Erlebnisse austauschten und diese parallel aufschrieben. Sie weichen aber auch voneinander ab, in einigen Details und vor allem in ihrer Schwerpunktsetzung. Während sich Kennedy für politische Fragen interessierte, spielen diese bei Billings, für den kunstgeschichtliche Beobachtungen im Vordergrund standen, eine geringere Rolle. So schreibt Billings wiederholt, dass Kennedy »ein politisches Gespräch« führte (sei es mit dem Geschäftsführer einer Champagner-Kellerei oder mit dem Korrespondenten der *New York Times* in Rom), an dem er sich selbst offenbar nicht beteiligte.

Inmitten touristischer Trivialitäten sind Billings' eigene politische Kommentare spärlicher und oberflächlicher. Und sie stimmen mit Kennedys Analysen überein, vor allem bezüglich des Problems der totalitären Gefolgschaft und Propaganda. In Deutschland bemerkt Billings: »Hitler scheint hier sehr beliebt zu sein. Man kommt nicht umhin, einen Diktator zu mögen, wenn man in seinem Land ist, da man so viel Gutes über ihn hört und nichts Schlechtes. Hitlers stärkste Waffe scheint seine äußerst effektive Propaganda zu sein.« (»Hitler seems very popular here – you can't help but like a dictator when you are in his own country – as you hear so many wonderful things about him and really no bad things. – Hitler's strongest weapon seems to be his very efficient propaganda.«)

Im Vergleich beider Texte wird deutlich, wie man Europa und Deutschland im Jahr 1937 *auch* wahrnehmen konnte – nämlich durchaus gebildet und informiert, aber insgesamt doch eher privat und ohne besondere Aufmerksamkeit für die politische Situation. Umgekehrt gewinnen Kennedys Notizen in der Parallel-Lektüre mit jenen von Billings an Profil. Sein Bemühen um eine politische Haltung können wir im Kontrast mit dem Bericht seines Freundes umso besser einschätzen.

Der Aufenthalt der beiden Studenten in Deutschland dauerte eine knappe Woche, vom 17. bis zum 22. August 1937. Außer über Garmisch-Partenkirchen und Oberammergau, über München und Nürnberg schreiben Kennedy und Billings in ihren Tagebüchern auch von

Frankfurt und Württemberg, von der Fahrt am Rhein und zuletzt aus Köln, vor der Ausreise nach Holland.

Ihre Reise im Jahr 1937 fiel in eine historische Zwischenzeit: nach den Olympischen Spielen von 1936, als das Regime die zahlreichen Besucher aus aller Welt durch eine aufwendige Selbstinszenierung zu beeindrucken suchte, und vor der außenpolitischen Aggression, die sich 1938 im »Anschluss« Österreichs und in der Eingliederung des Sudetenlands verschärfte, sowie vor der offen gewaltsamen Verfolgung der Juden, deren unübersehbare Eskalation die »Reichskristallnacht« im November 1938 war. Im Sommer 1937 konnte man Deutschland durchaus noch einigermaßen »normal« als Tourist erkunden. Man konnte dabei vieles übersehen. Aber man konnte auch Einsichten in die Diktatur gewinnen.

Kennedy und Billings waren nicht die einzigen ausländischen Reisenden, die das ›Dritte Reich‹ von innen erlebten. Der Romancier Thomas Wolfe zum Beispiel, der Deutschland mehrfach besucht und sogar zu seiner Wahlheimat erklärt hatte, nahm 1937 seinen Abschied, indem er in einer bekenntnishaften Novelle seine Ausreise als schockartiges Erlebnis der Judenverfolgung schilderte: »I Have a Thing to Tell You« (»Nun will ich Ihnen ’was sagen«). Während er sich ein halbes Jahr lang im Land aufhielt, führte Samuel Beckett ein mit zahlreichen deutschen Ausdrücken durchsetztes Tagebuch, in dem er seinen zunehmenden Überdruss angesichts der Gleichschaltung ausdrückte, die er in der Literatur und in den

Künsten, in den Medien und in der Gesellschaft beobachten konnte: »What a Schererei this trip is becoming.« Und er zog daraus die Konsequenz: »Bald muss ich wirklich kotzen. Oder nach Hause gehen.« (»Soon I shall really begin to puke. Or go home.«) Ausgerechnet der französische Kleinkriminelle Jean Genet, der das ›Dritte Reich‹ 1937 als Landstreicher durchstreifte, stellte enttäuscht fest, dass das Verbrechen hier die ganze Gesellschaft erfasst hatte: »Dies ist ein Volk von Dieben.« (»C'est un peuple de voleurs.«) »Wenn ich hier stehle, tue ich nichts Besonderes.«

Der US-amerikanische Dokumentarfilmer Julien Bryan, der zur selben Zeit wie Kennedy durch Deutschland fuhr, nahm Bauern bei der Ernte und Kinder in einer jüdischen Schule auf, aber auch Veteranen und Uniformierte, Autobahnen und Kriegsflugzeuge. Er erlebte den Reichsparteitag, den Kennedy verpasste, als »größte Show auf Erden« und stellte überwältigt fest: »Unsere Football-Spiele sind nichts dagegen.«

Der afro-amerikanische Soziologe W. E. B. DuBois schließlich berichtete im *Pittsburgh Courier* von einem mehrmonatigen Forschungsaufenthalt, den er auf sich nahm, um die Situation der Juden in Deutschland mit jener der Schwarzen in seiner Heimat vergleichen zu können. »Ich komme einfach nicht hinweg über meine fortgesetzte Verblüffung«, schrieb DuBois, »hier wie ein Mensch behandelt zu werden.« (»I cannot get over the continual surprise of being treated like a human being.«)

Ausgerechnet im Reich Adolf Hitlers sei er als Schwarzer »durchweg höflich« aufgenommen worden, stellte DuBois fest, er habe keine Beleidigung oder Diskriminierung erfahren, was über einen so langen Zeitraum in den USA, unter den Bedingungen der sogenannten Rassentrennung, »unmöglich« gewesen wäre. Aber DuBois wusste sehr wohl, dass sich der deutsche Rassismus umso schärfer auf eine andere Gruppe richtete und dass die Verfolgung der Juden »an Grausamkeit alles übertrifft, was ich jemals erlebt habe – und ich habe einiges erlebt« (»There is a campaign of race prejudice [...] against the Jews, which surpasses in vindictive cruelty and public insult anything I have ever seen; and I have seen much«).

Vergleichbar mit den Zeugnissen dieser Beobachter dokumentieren auch die privaten Aufzeichnungen des jungen John F. Kennedy und seines Freundes Lem Billings, wie der Nationalsozialismus damals wahrgenommen werden konnte – ohne spätere Korrekturen; spontan – ohne nachträgliches Wissen; mit fremdem Blick – ohne deutsche Befangenheit.

Im Nachhinein erscheinen die Dinge eindeutig: »Wir machten dort ausschließlich schlimme Erfahrungen«, erinnerte sich Billings fast drei Jahrzehnte später. »Uns missfiel die ganze Angelegenheit. Wir verließen das Land mit einem sehr üblen Gefühl.« Diese eindeutig ablehnende Darstellung entspricht weder seinen eigenen Aufzeichnungen noch den wechselhaften Notizen in Kennedys Tagebuch, die alltägliche Banalitäten und touristische Impressionen ebenso enthalten wie naive Kurzschlüsse, aufkommende Zweifel und kritische Analysen.

Irritierend wirken aus heutiger Sicht die Stereotype, mit deren Hilfe der Reisende Orientierung sucht: Aus dem Besuch eines Stierkampfes schließt Kennedy, dass die Spanier Gewalt lieben; die Franzosen hält er für hygienisch nachlässig, ein »primitives Volk« mit »kohligem Mundgeruch«; die Italiener für »das neugierigste Volk überhaupt«, aber »straff organisiert«, »die ganze Rasse [englisch: *race*] wirkt attraktiver.« Bei Billings finden sich die gleichen Klischees, und er gebraucht sogar rassistische Vokalen wie »to gyp« (»zigeunerhaft« übers Ohr hauen) oder »wop« (für Italiener oder Amerikaner italienischer Abstammung).

Solche ethnopsychologischen Vorurteile und Spekulationen führen Kennedy zu einer gewagten Schlussfolgerung: »Fa[s]cism is the thing for Germany and Italy, Communism for Russia and democracy for America and England.« (»Faschismus ist das Richtige für Deutschland und Italien, Kommunismus für Russland und Demokratie für Amerika und England.«)

Besondere Aufmerksamkeit verdient die Begeisterung über die Schönheit des Rheinlandes. Billings schreibt: »Diese deutschen Städte sind alle sehr reizend, sauber und durchdacht. Darin unterscheiden sie sich ganz klar von den schmutzigen kleinen italienischen Städten, die uns so sehr missfallen haben. Die Deutschen scheinen ihre Sache gut zu machen, ihr einziges Problem ist, dass sie sich dessen etwas zu bewusst sind.« (»All these German towns are very attractive – clean + well planned out – This is certainly a great difference from the dirty little Italian towns, that we have gotten to dislike so much. The Germans seem to do everything well – and their only trouble is that they are a little to[o] con[s]cious of it.«)

Kennedys Formulierung ist noch irritierender: »Die Städte sind alle sehr reizend, was zeigt, dass die nordischen Rassen den romanischen gewiss überlegen zu sein scheinen. Die Deutschen sind einfach zu gut – deshalb schließt man sich gegen sie zusammen, um sich zu schützen ...« (»All the towns are very attractive, showing that the Nordic races certainly seem superior to the Latins. The Germans really are too good – it makes people gang against them for protection ...«)

Auch wenn es sich um private Aufzeichnungen handelt, verhält sich der Tagebuchschreiber hier sprachlich, ob unwillkürlich oder bewusst, durchaus vorsichtig: Während das mit dem Adverb »gewiss« (»certainly«) so seltsam sich reibende Verb »scheinen« (»seem«) die Aussage – ebenso wie an anderen Stellen im Tagebuch – als oberflächlichen Eindruck relativiert, während das knappe Adjektiv in seiner Steigerung (»too good«) auch ironisch oder sardonisch zu lesen ist und während die Auslassungspunkte am Ende eine gewisse Offenheit, Unfertigkeit oder Unsicherheit anzeigen können, zeugt die Bemerkung gleichwohl davon, dass sich der Verfasser – wie bereits in Italien nun auch in Deutschland –

von der öffentlichen Ordnung in der Diktatur täuschen ließ.

Zögerliche oder mehrdeutige Reaktionen sind charakteristisch für viele ausländische Reisende, die Nazi-Deutschland besuchten. Als er für die *Neue Zürcher Zeitung* 1935 aus Berlin berichtete, beschrieb der Schweizer Max Frisch sogar eine rassistische Ausstellung mit einer Mischung aus moralischem Befremden und technischer Bewunderung. Die Dänin Karen Blixen beeindruckten noch im ersten Kriegsjahr die überdimensionalen Neubauten als »größte ästhetische Leistung«, die »tiefe Bewunderung« hervorrief und zugleich etwas »Gespenstisches« hatte. Der in die USA ausgewanderte Heinrich Hauser führte in einem Text mit dem Titel »Berlin in the Summer of 1939« vor, welche gegensätzlichen Eindrücke ein fremder Besucher von Hitlers Reich bekommen konnte, indem er zwei Besichtigungen der Hauptstadt schilderte: die eine mit einem offiziellen Führer und die andere mit einem Gegner des Regimes.

In vielen Berichten finden sich ähnliche Ambivalenzen. Zahlreiche Besucher schwankten zwischen Abstoßung und Anziehung, oder sie veränderten ihre Haltung im Verlauf der Diktatur-Erfahrung. Eine besonders wendungsreiche Abfolge widersprüchlicher Einstellungen durchlief Martha Dodd, während sie mit ihrem Vater, US-Botschafter William Edward Dodd, von 1933 bis 1937 in Berlin lebte. In ihren Erinnerungen über *My Years in Germany*, die sie noch vor dem Krieg veröffentlichte, schildert sie, wie sie zunächst naiv für die Deutschen und sogar für die Nazis Partei ergriff, wie sie das Land romantisierte und erste Irritationen beiseiteschob, wie sie angesichts antisemitischer Gewalt auf der Straße eine Verunsicherung mit Sarkasmus bewältigte und sich politisch sogar noch schlimmer verstieg, bevor Informationen über Terror, Folter und Konzentrationslager sie ernüchterten, wobei eine ästhetische und sogar erotische Attraktion fortdauerte, bis sie endlich zu einer konsequent ablehnenden Haltung fand und den kommunistischen Untergrund unterstützte. Am Ende warnte Dodd ihre Landsleute ebenso eindringlich wie klarsichtig, Hitler werde die Welt in einen Krieg stürzen und er plane die Vernichtung der Juden.

Lem Billings beschrieb den Reifeprozess seines Freundes im Rückblick geradliniger:

> »Es ging in Jack Kennedy eine merkliche Veränderung vor sich. Im Sommer 1937 hatte er gerade sein erstes Jahr in Harvard absolviert, und er begann ein größeres Interesse zu zeigen und einen stärkeren Willen, die Probleme der Welt zu durchdenken und seine Ideen niederzuschreiben [...]. So bestand er zum Beispiel darauf, dass wir jeden deutschen Anhalter mitnahmen. Das machte sich bezahlt, denn viele von ihnen waren Studenten und sprachen Englisch. Auf diese Weise lernten wir eine ganze Menge über Deutschland.
> Ich erinnere mich, dass wir zwei deutsche Soldaten mitnahmen, die Urlaub hatten. [...] Sie verbrachten eine Woche mit uns, und wir hatten den Eindruck, dass ihre Einstellung

pro Hitler war. Wir nahmen einen anderen deutschen Studenten mit, der sehr gegen Hitler war. Wahrscheinlich ist er nun tot.«

Die europäische Reise des Sommers 1937 war durchaus eine politische Initiation. Kennedy wurde, wie Billings erklärt, »völlig eingenommen vom Interesse an der Hitler-Bewegung«. Dieses Interesse galt vor allem der öffentlichen Inszenierung. Die Medien, bemerkt Kennedy, hatten großen Anteil an der Popularität der Diktatoren: »Hitler scheint hier so beliebt zu sein wie Mussolini in Italien, wenngleich Propaganda wohl seine stärkste Waffe ist.« (»Hitler seems so popular here as Mussolini was in Italy, although propagand[a] seems to be his strongest weapon.«) Mit wie großem Erfolg diese Beliebtheit künstlich hergestellt oder verstärkt wurde, werde von außen jedoch unterschätzt: »aufgrund ihrer wirkungsvollen Propaganda sind diese Diktatoren im eigenen Land beliebter als außerhalb.« (»these dictators are more popular in the country than outside due to their effective propaganda«) – Erkenntnisse zur Wirksamkeit medialer Kommunikation werden dem Kandidaten in seinen Wahlkämpfen nützlich sein: für den Kongress, zum Senat und um die Präsidentschaft.

Auf den letzten Seiten seines Notizbuchs stellt Kennedy eine Reihe von Fragen. Wie populär ist Mussolini? Wie entwickelt sich der Spanische Bürgerkrieg? Wird das Bündnis zwischen Deutschland und Italien

Bestand haben? Kann Englands Aufrüstung die Gefahr eines Krieges verringern? Wäre der Faschismus in den USA möglich? Welche Rolle spielt Frankreich? Und die Sowjetunion? Ist der Faschismus die letzte Phase des Kapitalismus? Ein Vorspiel zum Kommunismus? – Das Tagebuch schließt mit dem Zweifel des fragenden Beobachters, der unsicher um Verständnis ringt: »Stimmt das?« (»Is this true?«)

Der Eintrag vom Tag der Ausreise aus Deutschland, dem 22. August 1937, endet im holländischen Doorn. Das Exil des Kaisers, notiert Kennedy, ist vollständig abgesperrt, »entirely surrounded by barbed wire«. Der deutsche Reisebericht mündet so in eine Bemerkung zur Katastrophe des vergangenen Weltmachtstrebens. Sein letztes Wort ist das Wort »Stacheldraht«.

1939 – Krieg

Seine zweite Reise nach Deutschland unternimmt John F. Kennedy kurz vor dem Beginn des Zweiten Weltkrieges. Während sein Vater die USA als Botschafter in London vertritt, verbringt er ein Semester in Europa, um für seine *Senior Thesis* zu recherchieren, mit der er sein Studium in Harvard abschließen will. Ihr Thema ist die Nachgiebigkeit der Demokratien, die im Münchener Abkommen (vom 29./30. September 1938) Adolf Hitler das Sudentenland überließen: *Appeasement at Munich*. Der Politologie-Student befasst sich mit der Frage, wie der aggressiven Diktatur, die er zwei Jahre zuvor von innen erlebt hat, von außen entgegenzutreten sei und wie ein Krieg vermieden werden könne, vor allem durch rechtzeitige Aufrüstung. Im folgenden Jahr reicht er die Studie ein und veröffentlicht eine überarbeitete Fassung unter dem vielsagenden Titel *Why England Slept*. Der Titel ist eine Variation auf Winston Churchills *While England Slept* aus dem Jahr 1938. Einem damals in Umlauf gebrachten Witz zufolge hätte er aber eher auf die Rolle des eigenen Vaters, Joseph P. Kennedy, gemünzt sein müssen, der die britische Politik der Beschwichtigung gegenüber Hitler befürwortete: *While Daddy Slept*. Das Buch wurde ein Bestseller.

Während er sich mit der Politik des englischen *Appeasement* und des amerikanischen Isolationismus beschäftigt, trifft Kennedy in der Pariser Botschaft der USA einen ihrer prominentesten Vertreter, der mit seinem Vater vertraut ist: den Flugpionier Charles Lindbergh. Lindbergh war mehrfach ins nationalsozialistische Deutschland gereist, wo er von Hermann Göring eine Auszeichnung erhielt und sich ein Bild vom Aufbau der Luftwaffe machte.

Als die Spannungen in Europa im Sommer 1939 zunehmen und allgemein mit dem Ausbruch eines Krieges gerechnet wird, setzt sich Kennedy intensiv mit Deutschland auseinander. Von London beziehungsweise von Frankreich aus besucht er das Land auf mehreren Rundreisen durch den sich aufheizenden Kontinent, die zugleich halboffizielle Erkundungen im Dienst seines Vaters sind. In teilweise hektischer Bewegung schreibt er kein fortlaufendes Tagebuch, sondern schickt von unterwegs Lageberichte an den Botschafter und Briefe an seinen Freund Billings.

Zuerst begibt er sich nach Danzig, wo sich die Krise verdichtet und wenig später der Weltkrieg beginnen wird. In einem Brief an Billings über die »Freie Stadt«, die bereits zu Deutschland zu gehören scheint, schreibt Kennedy: »Danzig ist vollständig nazifiziert – jede Menge Heil Hitler usw.« (»Danzig is completely Nazified – much heiling of Hitler etc.«) Ein Befund, der bis in die Formulierung »completely Nazified« mit dem Urteil des bekanntesten US-amerikanischen Korrespondenten, William Shirer, übereinstimmt, das dieser anlässlich eines Aufenthalts in der umstrittenen Stadt am 11. August 1939 in seinem *Berlin Diary* festhielt.

Kennedy nutzt die Möglichkeiten, die er als Beauftragter eines Botschafters hat: »Habe dort mit den Nazichefs und sämtlichen Konsuln gesprochen.« (»Talked with the Nazi heads and all the consuls up there.«) Es folgt eine Analyse in geostrategischer, politischer und diplomatischer Hinsicht, die ungleich komplexer und kohärenter ausfällt als die vereinzelten Beobachtungen im Tagebuch von 1937. Seine Ausführungen verdeutlicht er mit einer handgezeichneten Karte.

Der junge Amerikaner setzt zwar irrtümlich darauf, dass Adolf Hitler kompromissbereit sei – sofern dieser sich gegen Außenminister Joachim von Ribbentrop »und die Radikalen« (»Ribbentrop and the radicals«) durchsetzen könne. Aber obwohl Kennedy noch hofft, dass es nicht zum Krieg kommen muss, wird seine Vorhersage für den gegenteiligen Fall zutreffen: »Sollte sich Deutschland zum Krieg entschließen, wird es versuchen, Polen in die Rolle des Aggressors zu drängen, und sich dann ans Werk machen.« (»What Germany will do if she decides to go to war – will be to try to put Poland in the position of being ag[g]ressor – and then go to work.«) Am 31. August 1939 täuschen deutsche Agenten einen polnischen Überfall auf den Sender Gleiwitz vor, der als Vorwand für den Angriff auf das Nachbarland dient und so den Zweiten Weltkrieg auslöst.

In Briefen aus London vom 17. Juli 1939 und aus Berlin vom 20. August 1939 kommt Kennedy erneut auf die Danzig-Krise zu sprechen. Aus Berlin schreibt er, dass die Propaganda, die ihn schon 1937 interessiert hat, eine verhängnisvolle Eigendynamik entwickele: »Ich denke immer noch nicht, dass es Krieg geben wird, trotzdem sieht es nicht gut aus, weil die Deutschen mit ihren Propagandageschichten über Danzig und den Korridor intern schon so weit gegangen sind, dass man sich kaum vorstellen kann, sie könnten noch einlenken. England wirkt dieses Mal entschlossen, aber da man das hier nicht richtig begreift, besteht die große Gefahr, dass die Deutschen auf ein weiteres München setzen und sich dann in einem Krieg wiederfinden, wenn Chamberlain sich weigert nachzugeben.« (»I still don't think there will be a war, but it looks quite bad as the Germans have gone so far internally with their propaganda stories on Danzig + the corridor that it is hard to see them backing down. England seems firm this time, but as that is not completely understood here, the big danger lies in the Germans counting on another Munich + thus finding themselves in a war when Chamberlain refuses to give in.«)

Ins Reich selbst reist Kennedy in diesem Jahr mit Torbert Macdonald (1917–1976), seinem Zimmergenossen aus Harvard, der zu einem Sportwettkampf nach England gekommen ist (und nach dem Krieg Kongressabgeordneter wird). Zusammen mit dem Football-Star Byron »Whizzer« White (später von JFK ernannter Richter am Obersten Gerichtshof), den sie im Juli in München treffen, haben die beiden einen Zusammenstoß mit SA-Leuten – obwohl der Botschafter gemahnt hatte, sie sollten Konflikte mit den Deutschen unbedingt vermeiden, also gewissermaßen auch privates *Appeasement* üben. Macdonald berichtet, wie das Gegenteil eintrat, als er, Kennedy und White sich in dessen Wagen einer Mahnwache für den Nazi-Märtyrer Horst Wessel näherten:

> »Wir kamen an diesem Denkmal für so einen Bierhaus-Helden vorbei, Worst Hessel oder so. Also fuhren wir langsamer, um uns das anzusehen. Ein paar Sturmtruppen-Typen hatten dort eine Flamme entzündet, und sie fingen an zu schreien. Damals wusste ich noch nicht, wer Worst Hessel war, ganz

ehrlich, ich dachte, das sei bloß so ein lokaler Held – also hielten wir an. Da wurden sie wütend; wir schrien zurück, und sie fingen an, Steine auf unser Auto zu werfen. Als wir wegfuhren, fragte ich Jack: ›Was zum Teufel ist los mit denen? Was soll das? Wir haben überhaupt nichts gemacht.‹ Und Whizzer erklärte es uns: Unser Auto hatte ein englisches Nummernschild.«

Als sie nach Frankreich zurückkehren, mieten »Jack« und »Torb« ihrerseits einen Wagen, um zum Ferienhaus der Familie an der Côte d'Azur zu fahren. Am 12. August brechen sie erneut nach Deutschland auf. Seinem Vater berichtet Kennedy von einem Opernabend in München mit Wagners *Tannhäuser*. Weiter geht es nach Wien, das bereits »angeschlossen« ist, und von dort nach Prag, das unter deutscher Besatzung steht und für Amerikaner eigentlich *off limits* wäre. Der dort stationierte Diplomat George Kennan erinnert sich, wie widerwillig sein Büro den Besuch des Botschaftersohns organisierte, den er für einen »Emporkömmling und Ignoranten« (»an upstart and an ignoramus«) hielt:

»Als die deutschen Truppen wie mächtige Wellen über Böhmens Grenzen hinwegbrandeten, gab es weder Zug- noch Flugverkehr und auch keine Grenzstationen. Inmitten dieser allgemeinen Verwirrung erhielten wir ein Telegramm von der Botschaft in London, demzufolge unser dortiger Botschafter, Herr Joseph Kennedy, diesen Zeitpunkt auserkoren hatte, um einen seiner jungen Söhne auf eine Erkundungsfahrt durch Europa zu schicken, und wir sollten ihn über die Grenze und durch die deutschen Linien bringen, damit er einen Besuch in Prag in seine Reiseroute aufnehmen konnte. Das ärgerte uns ungemein. Joe Kennedy war nicht gerade bekannt als Freund der Karrierediplomaten, und nach dem, was wir über ihn gehört hatten, erwiderten viele von uns diesen Mangel an Begeisterung von Herzen. Sein Sohn hatte keinen offiziellen Status, und er war, in unseren Augen, ganz offensichtlich ein Emporkömmling und Ignorant. Der Gedanke, dass er über die Zustände in Europa irgendetwas in Erfahrung bringen und mitteilen könnte, was wir nicht längst wussten und berichtet hatten, kam uns (nicht ohne Grund) völlig absurd vor. Dass vielbeschäftigte Menschen dadurch Zeit verlieren sollten, dass sie seine Tour organisierten, fanden wir unglaublich. Mit der höflichen, aber lustlosen Förmlichkeit, die Diplomaten auszeichnet, wenn von ihnen verlangt wird, dass sie sich mit dreisten Landsleuten befassen, die darauf bestehen, Orte aufzusuchen, an denen sie nichts verloren haben, sorgte ich dafür, dass er die deutschen Linien passierte, ließ ihn nach Prag bringen und kümmerte mich darum, dass er zu sehen bekam, was er sehen wollte, beschleunigte schließlich seine Abreise und war mit dem Gefühl, ›das wär's‹, froh, ihn los zu sein – wie ich damals glaubte. Hätte mir jemand gesagt, dass besagter junger Mann eines Tages der Präsident der Vereinigten Staaten werden würde und dass ich als Leiter einer diplomatischen Vertretung sein bescheiden zu ihm aufblickender Diener wäre, hätte ich gedacht, entweder mein Gesprächspartner oder ich selbst habe den Verstand verloren. Als ich eines Tages, Jahre später, in meinem Belgrader Büro saß, erinnerte ich mich an diese Episode, und die Wahrheit dämmerte mir plötzlich und fürchterlich.«

Als am 23. August 1939 der Nichtangriffspakt mit der Sowjetunion verkündet wird, schreibt der Journalist William Shirer in sein *Berlin Diary*: »Große Aufregung« – »Was für eine Wende« – »Jetzt sieht es nach Krieg aus.« Auf den Dächern werden Luftabwehrgeschütze in Stellung gebracht. Maschinen der Luftwaffe überfliegen die Hauptstadt. Einer Anekdote zufolge soll der Chargé d'Affaires der US-Vertretung in Berlin, Alexander Kirk, dem jungen Jack Kennedy eine diplomatische Nachricht für dessen Vater, den Botschafter in London, anvertraut haben: Innerhalb einer Woche wird Deutschland losschlagen.

Kennedys Berichte aus dem Sommer 1939 entstanden unter dem Eindruck dieses spannungsvollen historischen Augenblicks. Zugleich jedoch beklagt er sich, mit charakteristischem Sarkasmus und immerhin auf dem Briefpapier des Berliner Hotels Excelsior, über das deutsche Essen (»one week of these German meals«), dessen Folgen ihm bereits anzusehen seien. Die zynischen Scherze, die Erzählungen von Partys und Affären, die im Tagebuch 1937 breiten Raum eingenommen haben, finden sich auch am Vorabend des Weltkrieges wieder: Er habe, meldet Kennedy aus Warschau, »richtig viel Spaß«.

Als er in seinem Brief zur Lage von Danzig voraussagt, Polen könne die Stadt nicht an die Deutschen abtreten, weil diese sonst die Exportwege beherrschen würden, bedient der Korrespondent, ganz unvermittelt, das antisemitische Klischee vom jüdischen Händler. Die Deutschen, so formuliert er, könnten die »Judenkaufleute« (»Jew merchants«) zwingen, ihre Transporte über den verlorenen Hafen abzuwickeln.

Diese Wortwahl ist in Kennedys Zeugnissen eher auffällig, während sie in seinem Umfeld nichts allzu Ungewöhnliches wäre. So kommt sein älterer Bruder, der zur gleichen Zeit Europa bereist, in einem Brief an den Vater vom 10. Juni 1939 noch schroffer auf die Juden zu sprechen, deren Aufnahme in seiner Heimat er ablehnt. Joe jr. hängt entschiedener der Meinung an, dass sich die USA aus der europäischen Krise heraushalten sollten, und er distanziert sich dabei von der Politik seines Außenministers und seines Präsidenten:

> »Ehe mich die Herren Hull und Roosevelt auffordern, da rüberzugehen und zu kämpfen, weil ein amerikanisches Schiff versenkt worden ist oder die Deutschen irgendeinen Touristen umgebracht haben, sollen sie mir folgende Fragen beantworten: Was wären ihrer Meinung nach die wirtschaftlichen und politischen Folgen, wenn Deutschland Europa beherrscht, nachdem es England und Frankreich fertiggemacht hat? Wieviel Handelsvolumen würden wir verlieren, wie stark würde es uns beeinträchtigen? [...] Wollen wir uns

> fürchterlich darüber aufregen, wie die Juden behandelt werden, wo doch Katholiken und andere in Russland und im republikanischen Spanien grausamer umgebracht wurden, ohne dass es ein Wort des Protests gegeben hat? Wollen wir, dass der Antisemitismus in unserem eigenen Land zunimmt, weil wir 40 000 Juden und politisch Unerwünschte aus Europa aufnehmen […]?«

Joe jr. formuliert hier die väterliche Position der amerikanischen Abschottung, die den europäischen Diktaturen ihre Opfer überlässt – eine Haltung, von der sein jüngerer Bruder sich nach und nach ablöst:

> »Wollen wir für die Freiheiten der Menschen in aller Welt kämpfen, wo uns das wirklich verdammt nochmal nichts angeht, sondern nur die Menschen in diesen Ländern selbst? Wollen wir die Freiheit in jedem Land in der Welt gewährleisten, und wenn diese Freiheit nicht gegeben ist, wollen wir dann einmarschieren? Wollen wir Zeter und Mordio schreien, wenn die Italiener in Äthiopien und in Spanien eingreifen und die Deutschen in der Tschechoslowakei, und dann aber nichts dagegen unternehmen, als die Engländer Feiglinge zu schimpfen, weil sie nicht kämpfen? […] Kommt es den Leuten je in den Sinn, dass es in Italien und Deutschland glückliche Menschen gibt?«

Als Joe jr. am 21. August in Berlin die englische Aristokratin Unity Mitford trifft, ist er gleichwohl instinktiv abgestoßen von der Nazi-Sympathisantin und Hitler-Verehrerin: »Sie ist der denkbar glühendste Nazi«, schreibt er, »wahrscheinlich ist sie in Hitler verliebt.«

Sein Bruder begegnet am Urlaubsort der Familie an der Côte d'Azur keiner englischen NS-Sympathisantin, sondern einer deutschen Schauspielerin, die ins Exil gegangen ist und sich nun in Begleitung des Schriftstellers Erich Maria Remarque (Autor des Antikriegsromans *Im Westen nichts Neues* von 1929) in Antibes aufhält: Marlene Dietrich erinnert sich in ihren Memoiren, dass sie im letzten Friedenssommer mit dem jungen Jack Kennedy tanzte.

Dass Kennedys Reisen durch das ›Dritte Reich‹ in den USA filmreife und erotische Phantasien auslösten, zeigt die zweiteilige Fernsehproduktion *JFK – Reckless Youth* (von Harry Winer, 1993, mit Patrick Dempsey). Eine besonders klischeedichte Episode inszeniert die Fahrt mit Torbert Macdonald durch Italien und Deutschland im Sommer 1939 (in die auch Elemente der Reise mit Lem Billings aus dem Jahr 1937 aufgenommen werden): Kennedys Verhältnis zum Faschismus wird hier konsequent sexualisiert. Gleich zu Beginn nehmen die Amerikaner eine deutsche Anhalterin mit, die rothaarige Beate, die das Verführerische und das Gefährliche ihres Landes in der klassischen Doppelrolle von Hure und Heiliger vereint. Sie taucht vor einer Marienstatue auf und landet in der nächsten Szene mit dem Helden im Bett, während draußen ein faschistischer Aufmarsch zu hören ist. Ein

Kammerkonzert (Wagner) versetzt sie anschließend in eine Erregung, die offenbar nur Deutsche empfinden können. »You're not German«, erklärt sie dem Amerikaner. Und dieser fragt sich: »Wie kann ein Land so viel Schönheit und zugleich so viel Gewalt hervorbringen?«

Als er dieser Frage auf den Grund geht, nähert sich Kennedy im Film ausgerechnet erotisch auf sehr unheimliche Weise den Deutschen an. In einem Bierkeller kommt es, als das Horst-Wessel-Lied gesungen wird, zu einer sexuellen Rivalität mit Beates deutschem Freund, der dem Typus des eleganten Film-Nazis entspricht, eine schwarze Phantasieuniform (zwischen Tracht, SS und existentialistischem Dandy) sowie den pseudo-preußischen Namen Joachim von Hildenstein trägt, aber in Oxford studiert hat und entsprechendes Englisch spricht. Kennedy wiederum sagt gerade hier einige Worte in deutscher Sprache, und zwar über das Bier, die Metapher des deutschen Rausches: »Das ist gut.«

Das Verhältnis zu Deutschland ist ein untergründiges Leitmotiv des gesamten Films, der Kennedys Leben von der Kindheit bis zum ersten Wahlerfolg nacherzählt. So wird die NS-Diktatur scherzhaft mit dem Regime verglichen, das der Direktor seines Internats in Connecticut führte. Unverhohlen wird auf den Reiz insbesondere »deutscher Anhalterinnen« angespielt. Der Vater schickt Jack und Torb auf die Reise, indem er sie ironisch mit Adolf Hitler gleichsetzt, und zwar als rücksichtslose Verführer: »Wenn die Leute denken, Hitler sei übel, dann sollen sie mal abwarten, bis sie euch beide sehen.« Später gerät Kennedys blonde Geliebte Inga Arvad, obwohl sie Dänin ist, in den Verdacht, eine »deutsche Spionin« zu sein. Auch sie repräsentiert also eine deutsche Versuchung, die Schönheit und Faschismus verbindet. Da sie als Journalistin Adolf Hitler kennengelernt hat, fragt Kennedy, während ihn Inga verführt: »Hast du so Hitler interviewt?«

In ähnlicher Weise inszeniert Francine Mathews Kennedys Verhältnis zum Nationalsozialismus in ihrem Spionagethriller *Jack 1939* (2012). Der Roman der ehemaligen CIA-Mitarbeiterin geht von der wenig glaubwürdigen Fiktion aus, dass Präsident Roosevelt den 22-jährigen Botschaftersohn im Frühjahr 1939 als Spezialagenten anheuert, um in Europa ein Nazi-Netzwerk auszuspähen, das mit Bestechungsgeldern die Präsidentschaftswahlen in den USA beeinflussen will – und in das beschämenderweise auch Kennedy Senior verwickelt ist. Das Klischee des eleganten Sadisten (»ein Connaisseur – der Speisen, der Musik, der Gewalt«) und des teuflischen Verführers (»seine Hand auf ihrem Rücken war berauschend«) erfüllt hier Reinhard Heydrich, der Chef der Gestapo. Mit ihm konkurriert Kennedy, während ihn seine Mission nach Berlin, Danzig, Moskau, Wien, Prag und Warschau führt, um dieselbe Frau. Der amerikanische Geheimagent verliert dabei die geheimnisvolle Geliebte an den deutschen Geheimpolizeichef. Geplagt von eifersüchtigen Phantasien, folgt er den beiden durch halb Europa. Während die Männer abwechselnd mit derselben Partnerin Sex haben, entsteht obszön ein indirektes erotisches Verhältnis zwischen dem zukünftigen Organisator der »Endlösung« und dem zukünftigen Präsidenten der Vereinigten Staaten. Kennedy stellt sich vor, er fühle Heydrichs Berührungen auf der Haut seiner Geliebten am eigenen Leib (»Fast konnte Jack den Druck seines Daumens auf ihrem Fleisch fühlen«), während dieser umgekehrt spüren dürfte, dass sie durch seine heimliche Gegenwart abgelenkt sei (»Würde Heydrich ihre plötzliche Aufmerksamkeit durch seine Finger an ihrem Arm spüren?«). Als er das Doppelspiel der schönen Frau mit dem doppelsinnig sprechenden Namen Diana Playfair durchschaut hat, lässt Heydrich sie umbringen. Kennedy muss sich danach Vorwürfe machen, dass er sie nicht gerettet hat – was als politische Allegorie bedeutet: wie die USA und England das bedrohte Polen nicht retten können. »Was für ein Mann«, fragt er sich, »überlässt das Mädchen, das er liebt, Sadisten?« Als er sich im Spiegel betrachtet, scheint er sich in das Ebenbild Heydrichs verwandelt zu haben. Denn was er sieht, ist »das Gesicht eines Mörders« – »a killer's face«.

1945 – Faszination

Wie weit nicht der fiktionale, sondern der historische Kennedy ging, um der finsteren Faszination des Nationalsozialismus nachzuspüren, wird seine nächste Reise nach

Deutschland zeigen. Der Spielfilm und der Agententhriller haben diese Faszination erotisch in Szene gesetzt: als sexuelle Beziehung zu ambivalenten deutschen Frauen und als sexuelle Rivalität mit abgründigen deutschen Männern. Kennedy selbst unternimmt den Versuch, die Wirkung einer charismatischen Persönlichkeit zu begreifen, indem er Adolf Hitlers Spuren folgt. Er tut dies am Ende seines Berichts aus dem Jahr 1945, nachdem er das zerstörte Deutschland besichtigt hat.

Im Verlauf dieser Besichtigung wendet er sich aber zunächst einer Reihe politischer, militärischer und ökonomischer Probleme zu. Kennedys dritte Reise findet kurz nach dem Ende des Krieges statt – und zu Beginn eines weiteren, des Kalten Krieges, der Jahre später seine Präsidentschaft bestimmen sollte. Wie erfährt er diese neue Konfrontation in ihren Anfängen? Was notiert er über die Rote Armee, die er in Deutschland beobachtet? Was bemerkt er zum Zustand Deutschlands, zu dessen Teilung und zur Besatzungspolitik? Und zu welchem Verständnis des ›Dritten Reiches‹ gelangt er nach dessen Untergang?

Als er während der Potsdamer Konferenz (17. Juli bis 2. August 1945) anreist, kommt Kennedy als professioneller Beobachter. Für den International News Service des Medienunternehmers William Randolph Hearst hat er in einer Serie von Artikeln aus San Francisco berichtet, wo die Charta der Vereinten Nationen unterzeichnet wurde (am 26. Juni 1945), und anschließend aus England, wo

Unterhauswahlen stattfanden (am 5. Juli 1945). Zugleich kommt er als Kriegsveteran. Dreieinhalb Jahre hat er in der US Navy gedient und im Pazifik die Besatzung seines Schnellboots (»PT 109«) gerettet, nachdem es von einem japanischen Zerstörer gerammt und versenkt worden war.

Kennedy begleitet den Marineminister der USA, James Forrestal (einen weiteren Bekannten seines Vaters), zunächst nach Berlin und nach Potsdam. Dort verhandeln Präsident Harry Truman und Außenminister James Byrnes für die USA, der neue Premierminister Clement Attlee und Außenminister Ernest Bevin für Großbritannien, Generalsekretär Josef Stalin und Außenminister Wjatscheslaw Molotow für die Sowjetunion.

Kennedy bekommt hier die Möglichkeit, die Schlüsselakteure der Nachkriegsepoche aus der Nähe zu beobachten. Ohne es ahnen zu können, begegnet er in Deutschland seinen beiden Vorgängern im Amt des Präsidenten: Harry S. Truman (1945–1953) und Dwight D. Eisenhower (1953–1961). Wahrscheinlich nimmt er in der Gruppe Forrestals an einem Frühstück mit dem Präsidenten teil. Ein Foto zeigt ihn auf dem Frankfurter Flughafen hinter Eisenhower, dem Oberbefehlshaber der US-Streitkräfte in Europa.

Die Methode von Kennedys Reisen ist die gleiche geblieben: Hatte er 1937 Anhalter mitgenommen und Menschen, auf die er traf, nach ihrer politischen Einschätzung befragt und hat er 1939 Zugang zu Diplomaten gehabt und in Danzig »mit den Nazichefs und sämtlichen Konsuln gesprochen«, so sucht er nun das Gespräch mit Angehörigen der alliierten Militärverwaltung (Oberst Howley), mit Korrespondenten (Pierre Huss), aber auch mit einfachen Deutschen (»A German Girl«).

Im Sommer 1945 führt Kennedy erneut ein »Europäisches Tagebuch«, in dem er aber nicht bloß datierte Erlebnisse und Gedanken festhält, sondern ausformulierte Beobachtungen zu einem reportagehaften Reisebericht zusammenfügt.

Während des Flugs von Paris nach Berlin sieht der junge Journalist zerbombte Städte und zerschossene Bahnhöfe. Die Hauptstadt, die er kurz vor dem Ausbruch des Krieges besucht hat, findet er »vollständig zerstört«. Er beschreibt die »aschgrauen« Ruinen, den »süßlichen« Geruch der Leichen und die »fahlen« Gesichter der Menschen, die in Kellern hausen. Sein Stil hat sich seit seiner Studienzeit verändert. Er ist ausgereifter und anschaulicher geworden. Den Anblick der Trümmer vermittelt er eindringlich. Gespräche gibt er wieder wie ein Reporter.

Als er bemerkt, dass die Menschen ihre Habseligkeiten in »Bündeln« mit sich herumschleppen, gebraucht Kennedy dasselbe Wort (»bundles«), mit dem er seine erste Deutschland-Reise im Jahr 1937 als Vergnügungstrip eingeleitet hatte (»bundle of fun«), und er gibt ihm eine makabre Bedeutung. Aus den Frauen, mit denen er 1937 geflirtet hatte, sind Vergewaltigte oder Prostituierte geworden, die sich gegenüber den Russen unscheinbar machen oder für die Amerikaner herausputzen.

Systematisch widmet sich der Beobachter den Problemen der Nachkriegsordnung und des Wiederaufbaus in den Besatzungszonen. Sein Bericht handelt von Entnazifizierung, Fraternisierung und öffentlicher Verwaltung. Er diskutiert verschiedene Ansätze, wie die Deutschen zu behandeln seien – als unterworfenes Volk oder als neue Kooperationspartner. Er analysiert die Versorgung mit Lebensmitteln, Kohle und Brennholz, Rationierung und Schwarzmarkt, Infrastruktur und Transportmittel. Er setzt sich mit Kriegsbeute und Währungsfragen – Mark, Dollar, Besatzungsgeld – auseinander. Er präsentiert, ohne indes genaue Quellen zu nennen, Daten und Statistiken.

Inmitten der Ruinen besichtigt er die zerstörten Rüstungsanlagen, macht sich aber auch Gedanken über die Potentiale des Landes – insbesondere die Industrie in Bremen und Bremerhaven: Werften, die U-Boote in Serie fertigten, ihre geschickte Verbunkerung und die neueste Technologie der Luftzufuhr. Als ehemaliger Kommandant eines PT-Boots spricht er mit Sachkenntnis, wenn er die Schnellboote der Deutschen als »überlegen« bezeichnet.

Die Soldaten der Roten Armee, die der Amerikaner in Berlin und in Potsdam sieht, kommen in Kennedys Typoskript als »rauhe« Kerle vor, sie sind häufig betrunken und tragen schmutzige Uniformen. Er erfährt, dass sie gestohlen, geplündert und vergewaltigt haben. Eine Deutsche zitiert er mit den Worten: »In vielerlei Hinsicht war die ›SS‹ genauso schlimm wie die Russen.« Die SS so schlimm wie die Rote Armee – nicht umgekehrt: Die

Messgröße alles Bösen geben nun schon die Russen ab – und nicht die deutsche Totenkopftruppe. Das Interesse scheint bereits dem neuen Konflikt zu gelten, der sich mit der Sowjetunion anbahnt.

Allerdings setzt Kennedy sachlich hinzu, auch die Westalliierten hätten sich »viel zuschulden kommen« lassen. Und er bemerkt, die Rotarmisten legten neuerdings eine Disziplin an den Tag, die jener der US-Amerikaner nicht nachstehe. Ebenso lobt er die politische Aktivität in der Sowjetischen Besatzungszone: (sozialistische) Parteien werden gegründet, Zeitungen herausgegeben, Schulen wieder geöffnet.

Da er Deutschland vor dem Krieg gekannt hat, ist Kennedy besonders beeindruckt vom Ausmaß der Zerstörungen, die er aus dem Flugzeug, in den Straßen und in den Werften zu sehen bekommt. Wie viele ausländische Beobachter fragt er sich, welche Auswirkungen die alliierten Bombardements hatten. Haben sie das Ende des Krieges beschleunigt? Haben sie unnötige Opfer gefordert? Journalistinnen wie Janet Flanner, Martha Gellhorn und Virginia Irwin, die 1945 mit den alliierten Truppen nach Deutschland kamen, konnten als Erste von den Zerstörungen berichten und einschätzen, welche Wirkung sie auf die Moral der Bevölkerung hatten. Autoren wie W. H. Auden und James Stern, die vor der Nazi-Herrschaft in Deutschland gelebt hatten, kehrten nach dem Krieg zurück, um für den *U.S. Strategic Bombing Survey* die Betroffenen zu befragen, wie sie den Luftkrieg erlebt hätten.

Das in seiner verstörenden Komposition eindrücklichste literarische Zeugnis der Traumatisierung schuf Kurt Vonnegut, der den Angriff auf Dresden im Februar 1945 als Kriegsgefangener im Keller eines Schlachthofs überlebt hatte, mit seinem Roman *Slaughterhouse-Five* (1969). Nicht lange nach Kennedys Aufenthalt drehte der italienische Regisseur Roberto Rossellini im zertrümmerten Berlin einen halbdokumentarischen Spielfilm mit deutschen Laiendarstellern, der die materielle und seelische Verheerung vor Augen führt, indem er von einem verwahrlosten und verblendeten Jugendlichen erzählt, der in der Not seinen eigenen Vater tötet: *Germania anno zero* (1947).

Kennedys Fazit zum Luftkrieg fällt negativ aus: »die Bombardierung hat die deutsche Rüstungsproduktion nicht aufhalten können.« Aber die Schäden, die sie hinterließ, sind beträchtlich – und sie werden noch lange sichtbar bleiben. Für die Stadt, die er achtzehn Jahre später als Präsident wiedersehen wird, stellt er eine pessimistische Prognose: Berlin könne »eine ruinierte, unproduktive Stadt bleiben«.

Wenige Tage nachdem er dies aufgeschrieben hatte, sollte der Bombenkrieg ein nie dagewesenes Ausmaß erreichen. Als Kennedy in Potsdam eintraf, hatte Präsident Truman dort den Befehl zum Einsatz von Atomwaffen gegeben. Als Kennedy mit Minister Forrestal in die USA zurückfliegt, wird die japanische Stadt Hiroshima vernichtet.

In Frankfurt besucht Kennedy das IG-Farben-Gebäude, die Zentrale des Konzerns, der in großem Stil von der Zwangsarbeit in Auschwitz profitiert und das Zyklon B für die Gaskammern hergestellt hatte. Aber nur an einer Stelle erwähnt der Reporter die deutschen Verbrechen. Als er eine deutsche Frau zitiert, fällt das Wort »Konzentrationslager«: »Die Menschen begriffen nicht, was in den Konzentrationslagern vor sich ging.« Er selbst scheint das verfügbare Wissen um den Völkermord zu vernachlässigen und sich weniger für moralische Fragen als für militärische Technologie zu interessieren (etwa für die 12 000-Pfund schwere bunkerbrechende »Tallboy«-Bombe, die »Willow Run«-Fabrik zur Serienproduktion von Langstreckenbombern oder die »Schnorchel«-Technik der deutschen Unterseeboote).

Dabei hatte Martha Dodd, die Tochter des Botschafters der USA in Berlin, in ihrem vielgelesenen Buch noch vor Kriegsbeginn gewarnt, Hitler sei versessen auf die »Auslöschung« des jüdischen Volkes. Und Edward Murrow hat noch vor Kriegsende Buchenwald besichtigt und im Radioprogramm von CBS aus dem befreiten KZ berichtet. »Für das meiste«, gestand der erfahrene Kriegsreporter, »fehlen mir die Worte.«

Allerdings ahnt Kennedy, dass ein gewisses Obrigkeitsdenken (»geradezu willfährig im Entgegennehmen von Befehlen«) und eine Bereitschaft (»äußerst beflissen«), mit großer Gründlichkeit (»effizient«, »leidenschaftlich exakt«) beliebige Aufgaben auszuführen, fatale Konsequenzen haben können: »Die Fügsamkeit der deutschen Beamten macht deutlich, wie einfach es in Deutschland wäre, die Macht an sich zu reißen.« Was den Ausschlag geben kann, ist eine mitreißende Führerpersönlichkeit.

Zum Ende seiner deutschen Reise versucht John F. Kennedy, die dunkle Faszination auszuleuchten, die von Adolf Hitler auch nach dessen Tod weiterhin ausgeht. Im Ausland hatte man sich schon lange vor der Machtübernahme für den »Führer« der NSDAP interessiert und allmählich einen Hitler-Mythos geschaffen, der diese zugleich biedere und gefährliche, lächerliche wie diabolische Figur umgab. Dieser Mythos reicht weit zurück: Er entstand, nachdem Karl Henry von Wiegand als erster US-amerikanischer Korrespondent den Münchener Agitator interviewt und als »deutschen Mussolini« dargestellt hatte (1922); ihn nährte Dorothy Thompsons Porträt-Buch *I Saw Hitler!* (1932); und eine bebilderte Reportage über »Hitler's Mountain Home« in der englischen Zeitschrift *Homes & Gardens* (1938) machte ihn anschaulich, indem sie das angeblich gemütliche Heim am Obersalzberg verklärte, das der Vegetarier als »sein eigener Architekt« entworfen habe und das »die schönste Aussicht in ganz Europa« gewähre.

Kennedy sucht zunächst die Ruine der Reichskanzlei auf. Er begibt sich hinab in den Führerbunker. Dort beschreibt er den Raum, in dem Hitler Selbstmord beging und wo noch Brandspuren zu sehen sind. Zum Abschluss seiner Reise fährt er zum Obersalzberg bei Berchtesgaden. Er besichtigt den aus dem »Haus Wachenfeld« entstandenen »Berghof«, Hitlers Landhaus am Hang, und das zusätzlich erbaute »Kehlsteinhaus« auf dem Gipfel, das die Amerikaner »Adlerhorst« nennen.

Am Ende seines deutschen Reiseberichts, der damals in keiner Zeitung erschien und erst postum zugänglich gemacht wurde, spricht Kennedy über Hitlers »Mysterium«. Der Abschnitt, mit dem seine Aufzeichnungen enden, lautet im englischen Original wie folgt:

> »within a few years Hitler will emerge from the hatred that surrounds him now as one of the most significant figures who ever lived. He had boundless ambition for his country which rendered him a menace to the peace of the world, but he had a mystery about him in the way that he lived and in the manner of his death that will live and grow after him. He had in him the stuff of which legends are made.« (»aus dem Hass, der ihn jetzt umgibt, wird Hitler in einigen Jahren hervortreten als eine der bedeutendsten Persönlichkeiten, die je gelebt haben. Sein grenzenloser Ehrgeiz für sein Land machte ihn zu einer Bedrohung für den Frieden in der Welt, doch er hatte etwas Geheimnisvolles, in seiner Weise zu leben und in seiner Art zu sterben, das ihn überdauern und das weiter gedeihen wird. Er war aus dem Stoff, aus dem Legenden sind.«)

Der letzte Satz erinnert verwirrenderweise an die berühmten Verse aus Shakespeares *Der Sturm*: »We are such stuff/ As dreams are made on.« Zumal Prosperos Worte in eine Ahnung des Todes übergehen: »and our little life/ Is rounded with a sleep.« (»Wir sind aus solchem Stoff wie Träume sind, und unser kleines Leben wird von einem Schlaf umringt.«) (IV.i.156–158)

Kennedys Text entstand unter dem Eindruck des verrufenen Ortes: In der persönlichen Residenz des »Führers«, vor einer erhabenen Natur, kommt hier ein zwielichtiger Zauber zum Ausdruck. Die Aufzeichnungen des späteren Präsidenten zeugen von einem Phänomen, das Susan Sontag als »Fascinating Fascism« (1974) beschrieben hat: eine ästhetische Anziehungskraft, die der Faschismus auch auf Menschen ausüben kann, die politisch selbst keine Nazis sind.

Berchtesgaden, den Ort, den Gasthof und die Umgebung bezeichnet der ausländische Besucher dreifach als »schön«, Hitlers »Adlerhorst« als »berühmt« und »klug getarnt«. Überhaupt beschreibt Kennedy seine Eindrücke vom besiegten Deutschland mit auffällig vielen positiven Attributen: Aus dem Flugzeug sieht das Land »friedlich« aus. Der Kleine Wannsee ist »schön« und »wunderbar«, eine Villa »hübsch eingerichtet«. Die Versorgung während der Luftangriffe war »überaus gut organisiert«, die U-Boot-Produktion »gigantisch«, die Konstruktion einer Werft »äußerst intelligent«, ein Bunker ein »Meisterwerk«. Deutsche Boote hält er für »überlegen«, »besser«, »sicherer«, »günstiger«. Die Deutschen, stellt er fest, hätten eine »Passion für Genauigkeit«, sie seien »gute Arbeiter«. Einige Frauen findet er »sehr attraktiv«.

Der Begriff »significant«, den Kennedy gebraucht, um Hitlers historische »Bedeutung« zu bestimmen, enthält an sich zwar keine moralische Wertung. Er ist ambivalent, auslegbar. Aber die Formulierung, Hitler werde aus dem gegenwärtigen »Hass« innerhalb weniger Jahre »hervortreten« und dann offenbar neu bewertet werden, ist irreführend und mindestens missverständlich. Die Konjunktion »aber«, die das vermeintliche »Mysterium« der tatsächlichen Kriegsschuld entgegensetzt, droht diese zu vernebeln.

Nur an einer Stelle kommen die deutschen Verbrechen in Kennedys Text ausdrücklich vor: als die Frau, die er befragt, das Wort »Konzentrationslager« ausspricht. Aber als von Adolf Hitler die Rede ist, spielen sie keine Rolle – oder sie werden allenfalls angedeutet. Kennedys Text zeugt von der schwierigen Auseinandersetzung mit einer düsteren Faszination. Für seinen Verfasser wie für seine Leser endet er mit einem Rätsel.

1963 – Rückkehr

Zurück in Boston, hält Kennedy bei der Veteranen-Organisation *American Legion* am 11. September 1945 seinen ersten öffentlichen politischen Vortrag (der am selben Tag im Radio gesendet wird). Er spricht über England, Irland und Deutschland als »Sieger, Neutrale und Besiegte«, indem er anhand seiner Aufzeichnungen vom Sommer die Erkenntnisse der zurückliegenden Reise zusammenfasst – und zwar mit einem Blick in die Zukunft:

»Berlin ist heute eine ausgebrannte Ruine. Seine Zerstörung übertrifft alles, was ich mir vorgestellt hatte. Die Gebäude, die überhaupt noch stehen, sind bloße Hüllen, und wo die drei Millionen Menschen, die in Berlin geblieben sind, leben, ist ein Rätsel. Die Straßen sind voll von ihnen – ihre Gesichter farblos, ihre Lippen bleich, ihr Ausdruck leblos und abgestorben, als hätten sie einen Schock erlitten. Manchmal sieht man einen Hund, was unpassend wirkt. Sie werden den Winter nicht überstehen. Die Straßen werden durchschwärmt von russischen Soldaten, die jung, untersetzt, hart, grimmig und schmutzig aussehen. [...] Das Versorgungsproblem ist in Berlin schlimmer als anderswo in Deutschland. Die durchschnittliche Ration entspricht bis zu zwölfhundert Kalorien, was unterhalb des Lebensnotwendigen liegt. Die Stadt Berlin wird als Einheit verwaltet, und alle Bürger – in allen Sektoren – bekommen die gleiche Ration. Der Grund ist offensichtlich. Würden etwa die Vereinigten Staaten ihre 700 000 Menschen besser als die Russen die ihren ernähren, würden hungrige Berliner in Schwärmen in den amerikanischen Sektor kommen. Deshalb wird jedermann in Berlin gleich behandelt. Die Russen haben nicht nur alle Lebensmittel und Maschinen, die sie bewegen konnten, nach Russland gebracht, sondern sie

> deportieren auch so gut wie alle leistungsfähigen Deutschen zwischen 15 und 60 als Arbeiter. [...] Die Russen haben noch einiges vor sich, ehe sie vom deutschen Volk viel Unterstützung bekommen können. Die russische Armee, die als erste in Berlin eindrang, war eine kämpfende Truppe, und sie ging mit großer Grausamkeit vor. Viele Deutsche, die kommunistische Sympathisanten hätten sein können, wurden so abgeschreckt.«

Aufgrund seiner Reiseerfahrungen ist der Redner in der Lage, zwischen den verschiedenen Landesteilen zu differenzieren, aber er gibt einen gleichermaßen pessimistischen Ausblick:

> »In den westlichen Städten wie Bremen, Frankfurt und Salzburg haben die Menschen bislang sehr gut gelebt. Sie verfügten über Vorräte an Nahrungsmitteln, mit denen sie ihre niedrigen Rationen ausgleichen konnten, aber bis zum Winter werden diese Vorräte verbraucht sein, und sie werden auf das Lebensnotwendige zurückgeworfen. Es wird keine Kohle geben, und viele Häuser sind zerstört. Dafür, dass sie Hitler gefolgt sind, werden die Deutschen in diesem Winter bezahlen.«

Aus seinen Beobachtungen entwickelt Kennedy Überlegungen für die Nachkriegsordnung:

»Wie sieht Deutschlands Zukunft aus? Manche Leute glauben, Deutschland sollte in Fürstentümer aufgesplittert werden oder in Kontrollzonen aufgeteilt bleiben, wie es gegenwärtig der Fall ist. Der Einwand gegen diese Lösung ist, wie Bismarck verstanden hat, dass Deutschland eine geographische und ökonomische Einheit bildet. [...] Andere sagen, lasst die Deutschen sich um sich selbst kümmern, sie sind zu schwach, als dass sie uns jemals wieder gefährlich werden könnten. Aber Deutschland ist nicht in der Lage, irgendeine Art von demokratischer Regierung zu bilden, und ich glaube nicht, dass es für die Vereinigten Staaten besonders wünschenswert wäre, in Deutschland ein politisches Vakuum zu hinterlassen, das die Russen nur zu gerne ausfüllen würden. Ich glaube, wir sollten in Deutschland auf unbestimmte Zeit eine gewisse Kontrolle behalten. Das deutsche Volk wird diese Niederlage niemals vergessen oder vergeben. Das haben die Franzosen nach 1870 auch nicht getan, und ob Nazi oder Nazi-Gegner, es gibt keinen Grund zu glauben, die Deutschen würden das nach ihrer Niederlage von 1945 tun. Vor allem ihre wissenschaftlichen Experimente müssen sorgfältig überwacht werden, denn die Wissenschaft enthüllt das Geheimnis der Vernichtung rasch.«

Als er im Sommer 1963 als Staatsoberhaupt zum letzten Mal das Land bereist, bilden diese Überlegungen aus dem Jahr 1945 unausgesprochen einen Hintergrund. In Deutschland wiederum verbindet sich die kollektive Erinnerung an den ermordeten US-Präsidenten heute ganz wesentlich mit jenem letzten Besuch im Jahr 1963 und mit dem vielzitierten Satz seiner Rede, der als pathetisches Bekenntnis zur Freiheit und zur Sicherheit West-Berlins zu verstehen war: »Ish bin ein Bearleener.« Wäre dieser Satz, wäre diese Identifikation denkbar gewesen ohne die Erfahrungen von 1945, 1939 und 1937?

Kennedy kannte Deutschland vergleichsweise gut. Seine Reisen waren touristische und kulturelle Erkundungen, politische und strategische Studien, ökonomische und soziale Recherchen. Während seiner Aufenthalte entwickelte er eine Empathie für die Deutschen. Er hat sie als Feriengast kennen (und wohl zum Teil auch »lieben«) gelernt. Er hat die Menschen in den Trümmern gesehen. Und er hat sie in seiner Auseinandersetzung mit Adolf Hitler auch in ihrer Abseitigkeit zu verstehen versucht.

In den zahlreichen Ansprachen im Verlauf seines Staatsbesuches im Juni 1963 erwähnt Kennedy jedoch mit keinem Wort, dass er sich jemals in Nazi-Deutschland aufgehalten hat. Obwohl er mit Köln, Frankfurt und Berlin dieselben Städte besucht und mit dem Kölner Dom sogar dasselbe Gebäude; obwohl seine Gastgeber Bemerkungen machen, die er aufgreifen könnte – etwa wenn der Frankfurter Bürgermeister in seiner Begrüßung davon spricht, frühere Präsidenten seien vor ihrer Amtszeit in dieser Stadt gewesen; und obwohl es naheliegen würde, die Demokratisierung des Landes im Vergleich mit 1937 oder seine neue Friedfertigkeit im Gegensatz zu 1939 durch entsprechende Hinweise hervorzuheben.

In einer Erklärung am Frankfurter Römerberg bezieht sich Kennedy beiläufig auf einen nicht weiter beschriebenen Aufenthalt in der Stadt im Jahr 1948 (als Kongressabgeordneter, zur Zeit der Berlin-Blockade). Nur in einem Toast auf Willy Brandt, den Regierenden Bürgermeister von West-Berlin, kommt er auf seine Reise im Sommer 1945 zu sprechen: »Das letzte Mal kam ich im Juli 1945 nach Berlin, und ich sah eine Stadt in Ruinen. Wenn ich jetzt diese hellen und blitzblanken Gebäude sehe und, was noch viel wichtiger ist, diese hellen und strahlenden jungen Gesichter, dann bilde ich mir nicht ein, die zurückliegenden achtzehn Jahre wären einfach gewesen.«

Als er mit Brandt vor dem Brandenburger Tor steht, vertraut Kennedy ihm an, dass er bereits vor dem Krieg in Berlin gewesen ist – drüben auf der anderen Seite, im Hotel Adlon. In den öffentlichen Reden aber werden die drei frühen Reisen allenfalls sehr indirekt angedeutet. So fordert der Präsident vor dem Rathaus Schöneberg die Vertreter eines neuen Isolationismus auf, selbst nach Berlin zu reisen, weil die Erfahrung vor Ort ihre Einstellung verändern und ihr Verhältnis zur Diktatur bestimmen werde: »Let them come to Berlin.« Indem er diese Worte in aufeinander folgenden Aussagen wiederholt, bildet er eine rhetorische Figur, eine vierteilige Epipher, die seiner Botschaft Nachdruck verleiht: »Let them come to Berlin.« Die einzelnen Glieder dieser Figur können für die wiederholten Reisen stehen, die seine eigene Entwicklung befördert haben: »Let them come to Berlin.« Mit dem abschließenden Element wechselt der Redner als Reisender in die für ihn fremde Sprache, als würde er das Gesagte nun auf sich selbst beziehen: »Lasst sie nach Berlin kommen.« (Beziehungsweise »Lust z nach Bearlin comen«, um aus dem Spickzettel zu zitieren, auf dem sich Kennedy seine Aussprachehilfen notiert hatte.)

Wer den Gegensatz zwischen »freier Welt« und Kommunismus nicht begreife, sagt Kennedy hier, wer glaube, der Kommunismus bringe wirtschaftlichen Fortschritt, und wer vielleicht sogar meine, dem Kommunismus gehöre die Zukunft – der solle nach Berlin kommen, das heißt: sich an der Mauer von der Aggressivität, von der Gewalt und vom Scheitern dieses Systems selbst überzeugen. Und vor der wohl größten Menschenmenge, die ihm jemals zugejubelt hat, versteigt sich der Präsident sogar zu der Behauptung, dies gelte auch für denjenigen, der überhaupt eine Zusammenarbeit mit dem Kommunismus für möglich halte. Der Sohn des *Appeasement*-Verfechters hat sich zum Kalten Krieger gewandelt. In dem Land, das diesen Wandel provoziert hatte, verkündet er sein Programm gegen den Totalitarismus am entschiedensten.

Und der Staatsgast hinterließ noch eine weitere, eine letzte Anspielung auf seine früheren Reisen. Bei einem Empfang durch den Ministerpräsidenten von Hessen, Georg August Zinn, im Kurhaus Wiesbaden (am 25. Juni

1963) sagte Kennedy: »Wenn ich aus dem Weißen Haus ausziehe, wann immer das sein wird, werde ich meinem Nachfolger im Schreibtisch einen Umschlag hinterlassen, auf dem steht: ›Nur in sehr traurigen Momenten öffnen.‹ Er wird nur die Worte enthalten: ›Besuche Deutschland!‹«

Als er tags darauf Deutschland verlässt und sich auf dem Berliner Flughafen Tegel von Bundeskanzler Adenauer verabschiedet, nimmt Kennedy diesen Gedanken wieder auf (»Go to Germany!«). Er weitet die »sehr traurigen Momente« (»saddest moments«) zu allgemeiner »Mutlosigkeit« (»a time of some discouragement«), die ein Besuch in Deutschland beenden könne. Und er ergänzt seine Bemerkung durch einen Satz über sich selbst, als wolle er sich an die früheren Erfahrungen, die er auf seinen Reisen machte, erinnern, seine Aufzeichnungen hervorholen und zugleich ankündigen, dass er zurückkehren werde: »Ich sagte gestern, ich würde meinem Nachfolger eine Mitteilung mit der Aufschrift hinterlassen: ›Bei Mutlosigkeit öffnen.‹ Und darin werden nur drei Worte stehen: ›Geh nach Deutschland!‹ Vielleicht werde ich diesen Brief eines Tages selbst aufmachen.«

John F. Kennedy mit seinem Vater Joseph P. Kennedy, dem Botschafter der USA in Großbritannien.

John F. Kennedy mit einem Exemplar seines Buches »Why England Slept« (1940).

Zusammen mit dem Marineminister der USA, James Forrestal (links), besucht John F. Kennedy (Dritter von links) Ende Juli 1945 Berlin.

James Forrestal (Vierter von links) besichtigt die Ruine der Neuen Reichskanzlei. In seinem Gefolge ist (als Zweiter von rechts, hinten) John F. Kennedy zu erkennen.

Begegnung auf dem Frankfurter Flughafen zwischen Maxwell Taylor, Dwight D. Eisenhower und James Forrestal; im Hintergrund John F. Kennedy und Seymour St. John, der Sohn des Rektors seiner früheren Schule, der Choate School.

Editorischer Bericht

John F. Kennedys europäisches Tagebuch vom Sommer 1937 wird hier zum ersten Mal zusammen mit dem Tagebuch seines Freundes Kirk LeMoyne »Lem« Billings herausgegeben, in dem dieser seine eigenen Beobachtungen bezüglich derselben Reise dokumentierte. Sie führte die beiden Studenten aus den USA von Anfang Juli bis Mitte September 1937 durch Frankreich, Italien, Österreich, Deutschland, die Niederlande, Belgien und England.

Beide Manuskripte befinden sich in der John F. Kennedy Presidential Library in Boston. Kennedy schrieb seine täglich datierten Aufzeichnungen auf rund 90 Seiten in ein Notizbuch mit dem Aufdruck »My Trip Abroad«, »Meine Auslandsreise«. Billings verwendete ein Album ohne Vordruck, in dem nach jedem Blatt eine transparente Folie mit Fotos, Postkarten und anderen Reiseandenken eingefügt ist, welche er mit Bildlegenden versehen hat. Die letzte der insgesamt 90 Seiten dieses Tagebuchs beziehungsweise Reisealbums zeigt zwei Scherenschnitte der beiden Freunde, die laut Stempel auf der Weltausstellung in Paris angefertigt wurden.

John F. Kennedys Tagebuch übersetzte Carina Tessari für den Band John F. Kennedy, *Unter Deutschen. Reisetagebücher und Briefe, 1937–1945*, herausgegeben von Oliver

Lubrich, Berlin: Aufbau Verlag 2013 (S. 59–127). Lem Billings' Tagebuch übertrug sie für die vorliegende Ausgabe. Die Kennedy-Übersetzung wurde neu bearbeitet.

Abschrift

Die Übersetzungen beruhen auf den Transkriptionen der beiden Handschriften, die der Herausgeber angefertigt hat. Die englischen Originaltexte sollen in einer eigenen Edition veröffentlicht werden.

Um den spontanen Charakter der Aufzeichnungen zu bewahren, wurden die Unregelmäßigkeiten und Fehler der Orthographie bei der Abschrift nicht behoben. Und sie werden auch nicht markiert, auf den Zusatz »[sic!]« wird verzichtet. Im Text selbst werden nur Korrekturen vorgenommen, die sich durch Zusätze in eckigen Klammern ausführen lassen und auf diese Weise nachvollziehbar bleiben. Für einige Stellen, die nicht zweifelsfrei zu entziffern sind, werden Lesungen vorgeschlagen und im Anhang als Konjekturen aufgeführt.

Um möglichst wenig in die historischen Texte einzugreifen, wurden die Angaben auch inhaltlich nicht korrigiert, wenn sie nach heutiger Kenntnis Fehler, Ungenauigkeiten oder Unklarheiten enthalten. Generell wird davon abgesehen, die Informationen, die Kennedy und Billings vor Ort aufnahmen und nachträglich nicht mehr bearbeiteten, einzeln mit kritischen Kommentaren zu versehen (zum Beispiel die widersprüchlichen und irrtümlichen Angaben der beiden Autoren zu römischen Kirchen und Heiligenlegenden am 11. August 1937). Der historische Wert der Zeugnisse besteht gerade in ihrem unredigierten Zustand, der dem begrenzten Wissen im Jahr 1937 entspricht. Eine zusammenhängende Erläuterung bietet das Nachwort.

Lediglich die Interpunktion wurde behutsam normalisiert, wo Satzzeichen nicht eindeutig zu identifizieren oder zu unterscheiden waren, insbesondere Kommata von Gedankenstrichen oder +- von &-Zeichen. Die Angaben von Daten und Uhrzeiten wurden formal vereinheitlicht. Die Datierungen und die Wochentage wurden nötigenfalls ergänzt und berichtigt. (So trug Kennedy den 29. August 1937 zweimal ein, wodurch sich die Wochentage seiner folgenden Einträge offenbar versehentlich verschoben.) Die fehlenden Apostrophierungen wurden nicht ergänzt. Unterstreichungen entsprechen dem Original.

Übersetzung

Die deutsche Übersetzung dieser Transkriptionen dient als Lesefassung. Formal wird der Text vorsichtig normalisiert: Zahlen werden regelmäßig ausgeschrieben, Plus-Zeichen durch das Wort »und« aufgelöst. Fehler der Rechtschreibung und Zeichensetzung werden hier stillschweigend behoben (zum Beispiel bei der Schreibung von Ortsnamen wie »Uberammagau« oder »Germish«). Die angehängte Liste der Corrigenda verzeichnet jedoch all jene Wörter, die im Originaltext fehlerhaft sind und bei der Transkription beziehungsweise für die Übersetzung emendiert wurden. Auf diese Weise wird dem historischen Status der Dokumente Rechnung getragen. Der zeitgenössische Kenntnisstand ihrer 20- und 21-jährigen Autoren bleibt sichtbar.

Abweichungen in der Schreibung von Eigennamen zwischen den beiden Tagebüchern werden im Einzelfall stehengelassen (»Reed«/»Reid«, »Pourtales«/»Pourtalis«, »Pompernay«/»Pomperney«). Bei den Namen unbekannter Personen mussten zum Teil Konjekturen vorgenommen werden, die im Anhang dieses Editorischen Berichts dokumentiert sind.

Nur eine ganz und gar unlesbare und entsprechend unübersetzbare Stelle musste ausgelassen und durch Auslassungszeichen markiert werden. (Es handelt sich in Kennedys Tagebuch im Eintrag vom 1. September 1937 um den letzten Satz.)

Der Text beider Tagebücher wird insgesamt vollständig wiedergegeben. Weggelassen werden lediglich einzelne Paratexte: bei Kennedy einige nachfolgende Adressnotizen und zwei vorangestellte Listen, in denen er die Reiseroute beziehungsweise die Unterkünfte mitsamt ihren Preisen stichpunkthaft aufgeführt hat; und bei Billings die Bildunterschriften zu den Fotos und Postkarten, die er zwischen den Tagebuchseiten eingeklebt hat.

Korrekturen und Konjekturen

Die Tagebücher enthalten folgende Fehler (Corrigenda), die bei der Transkription und gegebenenfalls in der Übersetzung emendiert wurden, sowie nicht eindeutig zu entziffernde Stellen, für die eine naheliegende Lösung angeboten wird (Konjekturen). Sie werden hier in der Reihenfolge ihres ersten Auftretens angeführt.

Corrigenda Kennedy

- Rheims → Reims
- Chateau → Château
- tres → très
- Orleans → Orléans
- Americain → American/Américain
- Chenonceaux → Chenonceau
- Angouleme → Angoulême
- Meditteranean → Mediterranean
- Irun → Irún
- Abbysina → Abyssinia
- Colloseum → Colosseum
- musuem → museum
- Germish → Garmisch
- Uberammagau → Oberammergau
- propagander → propaganda
- developement → development
- Urtrecht → Utrecht
- tomatoe → tomato

Konjekturen Kennedy

- Ben Welles, Robert, brother, Crimson, Burnham etc. (July 1–7)
- The waiter + his sugar serving machines quite a problem. (July 1–7)
- the minister to Haiti (July 26)
- St. Luke (August 11)
- Harrisson (August 15)
- Joe & Scotie Schriber & Freddie Cosgrove (August 25)
- a very good idea (August 26)
- Indre Gardiner (August 26)
- blood count with [?] is 4000 (August 29)
- Sans the usual flood in the room (September 1)

Corrigenda Billings

- Rheims → Reims
- medecine → medicine
- embaressment → embarrassment
- Ambassitor, Ambassidor → Ambassador
- concious → conscious
- Orleans → Orléans
- scinilatting → scintillating
- Toreodors → Toreadores
- barbarious → barbarous
- arrouse → arouse
- ressembles → resembles

- appartment → apartment
- neices → nieces
- Spaggetti → Spaghetti
- Germish → Garmisch
- Oberammagau → Oberammergau
- Hofbrau → Hofbräu
- Deutches Museum → Deutsches Museum
- Wurtenberg → Württemberg
- quickley → quickly
- Koln → Köln
- Charings Cross → Charing Cross
- South Hampton → Southamptom
- Selridges → Selfridges
- heathes → heaths
- Edinbourgh → Edinburgh
- motly → motley

Konjekturen Billings

- Suekie (June 30–July 7)
- Crimmius (June 30–July 7)
- Mme. Lebrun (July 13)
- Maine (July 15)
- where Marie Antoinette was imprisoned (July 16)
- they are rather static [stagnant?] (August 15)
- Doris the maid (August 28)
- he had a secture [section?] (September 10)

Quellen

John F. Kennedy, *European Diary, July – September 1937*, John F. Kennedy Presidential Library and Museum, Boston: Personal Papers, Box 1, Series 2, Early Years; Folder: Diary European Trip, 7/1/37–9/3/37.

Kirk LeMoyne Billings, Travel Diary and Scrapbook, July – September 1937, John F. Kennedy Presidential Library and Museum, Boston: Kirk LeMoyne »Lem« Billings Personal Papers.

Literaturverzeichnis

Primärquellen

1. John F. Kennedy

Kirk LeMoyne Billings, Scrapbook, Juli – September 1937.

— Oral History (1964–1966), Kennedy Presidential Library, Boston.

— »Pre-Presidential« [Artikel zu einem Gespräch mit LeMoyne Billings], in: *The New Yorker*, 1. April 1961, S. 26–27.

— *The Billings Collection*, herausgegeben von Nan Richardson, Boston: John F. Kennedy Library Foundation 1991.

Charles E. Bohlen, *Witness to History 1929–1969*, London: Weidenfeld & Nicolson 1973, S. 476.

Willy Brandt, *Begegnungen mit Kennedy*, München: Kindler 1964, S. 26–27, S. 176–215.

For the President: Personal and Secret. Correspondence Between Franklin D. Roosevelt and William C. Bullitt, herausgegeben von Orville H. Bullitt, mit einer Einführung von George F. Kennan, Boston: Houghton Mifflin 1972, S. 273–274.

Marlene Dietrich, *Nehmt nur mein Leben ... Reflexionen*, München: Wilhelm Goldmann 1981, S. 124–125.

The Forrestal Diaries, herausgegeben von Walter Millis mit E. S. Duffield, New York: Viking 1951, S. 76–82, S. 88–89; auf einer Abbildung auf der vierten Bildseite vor dem Vorwort ist John F. Kennedy zu erkennen: »The Secretary of the Navy on his visit to Berlin, late July 1945«.

Robert Harris, *Fatherland* (1992), London: Arrow 2012.

George F. Kennan, *Memoirs 1925–1950*, Boston/Toronto: Little, Brown & Co. 1967, S. 91–92.

John F. Kennedy, *European Diary*, Juli – September 1937, John F. Kennedy Presidential Library and Museum, Boston: *Personal Papers*, Box 1, Series 2, Early Years; Folder: *Diary European Trip, 7/1/37–9/3/37*.

— »The Germans Really Are Too Good« (Deutschland im »European Diary« von 1937), in: *Travels in the Reich, 1933–1945. Foreign Authors Report from Germany*, herausgegeben von Oliver Lubrich, Chicago: University of Chicago Press 2010, S. 159–161.

— Brief an Joseph P. Kennedy, Wien (August 1939), John F. Kennedy Presidential Library and Museum, Boston: *Personal Papers*, Box 1, Correspondence 1936–40.

— Briefe an Kirk LeMoyne Billings, Warschau (Mai 1939); London, 17. Juli 1939; Berlin, 20. August 1939; Massachusetts Historical Society, Boston: *Nigel Hamilton Papers*. Rechteinhaber: Robert Kennedy jr.

— *Why England Slept*, New York: Wilfred Funk 1940.

— *As We Remember Joe*, herausgegeben von John F. Kennedy, Cambridge (USA): University Press [Privately Printed] 1945, S. 56: »Joe, Kathleen and Jack Going to Parliament, London, 1939«.

— *Prelude to Leadership. The European Diary of John F. Kennedy. Summer 1945*, herausgegeben von Deirdre Henderson, mit einer Einleitung von Hugh Sidey, Washington: Regnery 1995.

— »Remarks of John F. Kennedy at the Crosscup-Pishon American Legion Post, Boston, Massachusetts, November 11, 1945« (September 11, 1945), John F. Kennedy Presidential Library: http://www.jfklibrary.org/.

— *Profiles in Courage* (1955), mit einer Einführung von Caroline Kennedy und einem Vorwort von Robert F. Kennedy, New York: Harper Perennial 2006.

— *»Let the Word Go Forth«. The Speeches, Statements, and Writings of John F. Kennedy, 1947–1963*, herausgegeben von Theodore C. Sorensen, New York: Laurel 1991, S. 320–328.

— *The Letters of John F. Kennedy*, herausgegeben von Martin W. Sandler, London: Bloomsbury Press 2013, S. 3–4.
— *President John F. Kennedy in Germany/Präsident John F. Kennedy in Deutschland*, herausgegeben von O. M. Artus, überarbeitete Übersetzung von Hermann Kusterer und Heinz Weber, Düsseldorf: Richard Bärenfeld 1965.
— *The Burden and the Glory*, herausgegeben von Allan Nevins, New York: Harper & Row 1964, S. 113–127.
— »Reden in und über Deutschland«, in: *Glanz und Bürde. Die Hoffnungen und Zielsetzungen des zweiten und dritten Jahres der Präsidentschaft Kennedys, dargetan in seinen Botschaften und Reden, mit dem vollen Text aller öffentlichen Äußerungen während seiner Deutschland-Reise 1963*, herausgegeben von Allan Nevins, übersetzt von Hans Lamm (unter teilweiser Benutzung von Übersetzungen des U.S. Information Service, Bad Godesberg), Düsseldorf/Wien: Econ 1964, S. 165–226.
— *Listeninig In. The Secret White House Recordings of John F. Kennedy*, herausgegeben von Ted Widmer, New York: Hyperion 2012, S. 46 (»Dictabelt Recording, circa 1960«).
— Tondokumente in der White House Audio Collection der John F. Kennedy Presidential Library, Boston: http://www.jfklibrary.org/.
  - 23 Aufnahmen von der Deutschland-Reise 1963.
  - 2 Aufnahmen von der Wien-Reise 1961.
— Personal Papers, John F. Kennedy Presidential Library and Museum, Boston. Insbesondere:
  - »Correspondence 1933–1950: Family«.
  - »Harvard Notebooks: Topic 2, Fascism [fragment]«.
  - »Appeasement at Munich, honors thesis, 15 March 1940«.
  - »Hearst Newspaper, International news service, 1945: 25 April – 28 July«.
  - »Requests for radio speech, 11 September 1945«.

- »European trip correspondence, 1948«.
- »European trip, 1951: Correspondence and news releases«.

— Pre-Presidential Papers, John F. Kennedy Presidential Library and Museum, Boston.

— Kirk LeMoyne Billings Personal Papers (1934–1939), John F. Kennedy Presidential Library and Museum, Boston.

Hostage to Fortune. The Letters of Joseph P. Kennedy, herausgegeben von Amanda Smith, New York: Viking 2001, S. 213, S. 338–341, S. 341, S. 342–343, S. 355–356, S. 621.

Joseph P. Kennedy jr., Berichte von seinen Reisen in Europa im Sommer 1939, in: *Hostage to Fortune. The Letters of Joseph P. Kennedy*, herausgegeben von Amanda Smith, New York: Viking 2001, S. 338–341, S. 341, S. 342–343, S. 355–356, S. 362–363, S. 617.

Rose Fitzgerald Kennedy, *Times to Remember* (1974), New York: Doubleday 1995, S. 187, S. 208, S. 217–218, S. 261, S. 373–374.

Arthur Krock, *Memoirs: Intimate Recollections of Twelve American Presidents from Theodore Roosevelt to Richard Nixon*, London: Cassell 1970, S. 350–351.

The Wartime Journals of Charles A. Lindbergh, San Diego/New York/London: Harcourt Brace Jovanovich 1970, S. 71–73, S. 78–80, S. 145, S. 156, S. 159–160, insbesondere: S. 174 (6. April 1939).

Anne Morrow Lindbergh, *The Flower and the Nettle. Diaries and Letters, 1936–1939* (1976), San Diego/New York/London: Harvest 1994, S. 259–262, S. 407–411, S. 502–503, S. 526–529 u. a., insbesondere: S. 572–573 (6. April 1939).

Torbert Macdonald, Oral History (1968), John F. Kennedy Presidential Library and Museum, Boston.

Francine Mathews, *Jack 1939. A Novel*, New York: Riverhead 2012.

Irena Wiley, *Around the Globe in Twenty Years*, New York: David McKay 1962, S. 94 und Abbildung im Bildteil.

Beim Bundesarchiv in Berlin konnten in folgenden Beständen keine Unterlagen zu John F. Kennedys Reisen von 1937 und 1939 ermittelt werden: Reichssicherheitshauptamt, Reichsministerium des Innern, Reichsministerium für Volksaufklärung und Propaganda, Auswärtiges Amt, Auslandsorganisation der NSDAP, Außenpolitisches Amt der NSDAP, Persönliche Adjudantur des Führers und Reichskanzlers, Reichskanzlei.

2. Weitere Zeugnisse

Samuel Beckett, *German Diaries*, Beckett International Foundation/ Reading University Library.

Karen Blixen, »Breve fra et Land i Krig«, in: *Heretica* 1:4 (1948), S. 264–287, 1:5 (1948), S. 332–355.

Raymond Leslie Buell, *Poland: Key to Europe*, New York: Knopf 1939.

Martha Dodd, *My Years in Germany*, London: Victor Gollancz 1939.

— *Through Embassy Eyes*, New York: Harcourt, Brace & Co. 1939.

William Edward Dodd, *Ambassador Dodd's Diary, 1933–1938*, herausgegeben von William E. Dodd jr. und Martha Dodd, London: Victor Gollancz 1941.

W. E. B. DuBois, »Forum of Fact and Opinion« (Kolumne), in: *Pittsburgh Courier*, 19. September 1936 bis 9. Januar 1937.

Max Frisch, »Kleines Tagebuch einer deutschen Reise«, in: *Neue Zürcher Zeitung*, 30. April 1935, 7. Mai 1935, 20. Mai 1935, 13. Juni 1935.

Jean Genet, *Journal du voleur*, Paris: Gallimard 1949, S. 138–139.

John Gunther, *Inside Europe*, London: Hamish Hamilton 1936.

Heinrich Hauser, *Battle Against Time. A Survey of the Germany of 1939 from the Inside*, New York: Charles Scribner's Sons 1939.

Pierre J. Huss, *The Foe We Face*, Garden City: Doubleday, Doran & Co. 1942.

— *Heil! And Farewell*, London: Herbert Jenkins 1943.

Charles A. Lindbergh, *Autobiography of Values* (1976), San Diego/New York/London: Harvest 1992, S. 169–170.

Anne Morrow Lindbergh, *War Within and Without. Diaries and Letters, 1939–1944* (1980), San Diego/New York/London: Harvest 1995, S. 152–153.

Reisen ins Reich, 1933 bis 1945. Ausländische Autoren berichten aus Deutschland, herausgegeben von Oliver Lubrich, Frankfurt: Die Andere Bibliothek 2004.

Berichte aus der Abwurfzone. Ausländer erleben den Bombenkrieg in Deutschland, 1939 bis 1945, herausgegeben von Oliver Lubrich, Frankfurt: Die Andere Bibliothek 2007.

Ignatius Phayre, »Hitler's Mountain Home. A Visit to ›Haus Wachenfeld‹ in the Bavarian Alps«, in: *Homes & Gardens*, November 1938, S. 193–195.

William L. Shirer, *Berlin Diary. The Journal of a Foreign Correspondent, 1934–1941*, New York: Knopf 1941.

Berlin Alert. The Memoirs and Reports of Truman Smith, herausgegeben von Robert Hessen, Stanford: Hoover Institution Press 1985, S. 151–166.

James Stern, *The Hidden Damage* (1947), London: Chelsea Press 1990.

Dorothy Thompson, *»I Saw Hitler!«*, New York: Farrar & Rinehart 1932.

Kurt Vonnegut, *Slaughterhouse-Five or The Children's Crusade*, New York: Delacorte 1969.

Thomas Wolfe, »I Have a Thing to Tell You (Nun will ich Ihnen 'was sagen)«, in: *New Republic*, 10. März 1937, S. 132–136; 17. März 1937, S. 159–164; 24. März 1937, S. 202–207.

Thomas Wolfe, *Eine Deutschlandreise in sechs Etappen. Literarische Zeitbilder 1926–1936*, herausgegeben von Oliver Lubrich, übersetzt von Renate Haen, Barbara von Treskow und Irma Wehrli, München: Manesse 2020.

The Diary of Virginia Woolf, Band IV: 1931–1935, herausgegeben von Anne Olivier Bell mit Andrew McNeillie, San Diego/New York/London: Harcourt Brace & Co. 1982, S. 310–312 (9. und 12. Mai 1935).

3. Filme

Fatherland (106 Minuten), UK 1994, Regie: Christopher Menaul, mit Rutger Hauer und Miranda Richardson.

Germania anno zero (78 Minuten), Italien 1948, Regie: Roberto Rossellini.

Innenansichten – Deutschland 1937 (52 Minuten, Dokumentation der Filmaufnahmen von Julien Bryan), Deutschland 2012, Regie: Michael Kloft.

JFK – Reckless Youth (183 Minuten, 2 Teile), USA 1993, Regie: Harry Winer, mit Patrick Dempsey und Terry Kinney.

Kennedy (282 Minuten, 3 Teile), USA 1983, Regie: Jim Goddard, mit Martin Sheen.

The Kennedys (345 Minuten, 8 Teile), USA 2011, Regie: Jon Cassar, mit Greg Kinnear und Katie Holmes.

Kennedys Liebe zu Europa (52 Minuten), Deutschland 2021, Regie: Kai Christiansen.

PT 109 (140 Minuten), USA 1963, Regie: Leslie Martinson, mit Cliff Robertson.

Forschung

Michael A. Beschloss, *Kennedy and Roosevelt: The Uneasy Alliance*, New York: Norton 1980.

Gianni Bisiach, *John F. Kennedy* [*Il Presidente. La lunga storia di una breve vita*, 1991], übersetzt von Matthias Rawert, Freiburg/Würzburg: Ploetz 1992, S. 45–46, S. 52–54, S. 65–66, S. 292–293.

Joan und Clay Blair, *The Search for JFK*, New York: Berkley/G. P. Putnam's Sons 1976, S. 56–58, S. 58–67, S. 371–388.

Benjamin C. Bradlee, *Conversations With Kennedy*, New York: Pocket Books 1976, S. 87.

Douglas Brinkley und Richard T. Griffiths (Herausgeber), *John F. Kennedy and Europe*, Baton Rouge: Louisiana State University Press 1999.

David Burner, *John F. Kennedy and a New Generation*, Boston: Little, Brown & Co. 1988, S. 16–17, S. 74–80.

James MacGregor Burns, *John Kennedy. A Political Profile*, New York: Harcourt, Brace & World 1961, S. 32–33 (Quellenangaben: S. 286), S. 37–39 (Quellenangaben: S. 287), S. 55–56 (Quellenangaben: S. 287).

Peter Collier und David Horowitz, *The Kennedys. An American Drama*, New York: Summit 1984, S. 79–80 (Endnote: S. 471), S. 98–100 (Endnoten: S. 476), S. 147–148 (Endnoten: S. 486–487).

Ilene Cooper, *Jack. The Early Years of John F. Kennedy*, New York: Dutton 2003, S. 109–117 (Endnoten: S. 161) (»Jack and Lem«).

Robin Cross, *J. F. K.: A Hidden Life*, London: Bloomsbury 1992, S. 22–23, S. 30, S. 44.

— *John F. Kennedy 1917–1963. Der Präsident des amerikanischen Traums*, übersetzt von Christian Quatmann, München: Wilhelm Heyne 1993, S. 25, S. 26–27, S. 32, S. 46.

James Tracy Crown, *The Kennedy Literature: A Bibliographical Essay on John F. Kennedy*, New York: New York University Press/London: University of London Press 1968.

Robert Dallek, *An Unfinished Life. John F. Kennedy, 1917–1963*, Boston: Little, Brown & Co. 2003, S. 49–53 (Endnoten: S. 723), S. 54–59 (Endnoten: S. 723), S. 114–117 (Endnoten: S. 731–732).

Andreas W. Daum, *Kennedy in Berlin. Politik, Kultur und Emotionen im Kalten Krieg*, Paderborn: Ferdinand Schöningh 2003, zu den Berlin-Reisen von 1939 und 1945: S. 113–114 (Endnoten: S. 227).

John H. Davis, *The Kennedys. Dynasty and Disaster, 1848–1983*, New York: McGraw-Hill 1984, S. 117–118, S. 118–119, S. 124, S. 379–383.

Yann-Brice Dherbier und Pierre-Henri Verlhac, *John Fitzgerald Kennedy. Ein Leben in Bildern*, übersetzt von Olaf Roth und Petra Claussen, Berlin: Phaidon 2003, S. 8, S. 22–27.

Robert J. Donovan, *PT 109. John F. Kennedy in World War II* (1961), New York: McGraw-Hill 2001.

Andreas Etges, *John F. Kennedy*, München: dtv 2003, S. 16–17, S. 24–25.

— (Herausgeber), *John F. Kennedy*, Berlin: Deutsches Historisches Museum/Wolfratshausen: Minerva 2003, S. 32–34 (Endnoten: S. 212).

James N. Giglio, *John F. Kennedy. A Bibliography*, Westport (USA)/London: Greenwood 1995.

Maryrose Grossman, »Jack and Lem's Excellent European Adventure, Summer 1937«, in: *The JFK Library Archives: An Inside Look* (Blog), 18. Oktober 2017, https://jfk.blogs.archives.gov/2017/10/18/jack-and-lems-excellent-european-adventure-summer-1937/.

Nigel Hamilton, *JFK – Reckless Youth*, New York: Random House 1992, S. 177–199 (Endnoten: S. 826), S. 254–272 (Endnoten: S. 830–832), S. 716–722 (Endnoten: S. 867), S. 727–729 (Endnoten: S. 867–868).

— »The Influence of Europe on the Young JFK«, in: *New England Journal of Public Policy* 9:1 (1993), S. 5–17.

Seymour Hersh, *The Dark Side of Camelot* (1997), London: HarperCollins 1998, S. 393.

Andrew Hoberek (Herausgeber), *The Cambridge Companion to John F. Kennedy*, Cambridge: Cambridge University Press 2015.

Michael J. Hogan, *The Afterlife of John Fitzgerald Kennedy. A Biography*, Cambridge: Cambridge University Press 2017.

Dennis J. Hutchinson, *The Man Who Once Was Whizzer White. A Portrait of Justice Byron R. White*, New York: Free Press 1998, S. 133–143 (Endnoten: S. 485).

Howard S. Kaplan, *John F. Kennedy. A photographic story of a life*, New York: DK 2004, S. 36–39, S. 48–49, S. 98–99.

Doris Kearns Goodwin, *The Fitzgeralds and the Kennedys*, New York: Simon & Schuster 1987, S. 506–507 (Endnoten: S. 864), S. 582–589 (Endnoten: S. 871–872), S. 702–705 (Endnoten: S. 881).

Frederick Kempe, *Berlin 1961. Kennedy, Khrushchev, and the Most Dangerous Place on Earth*, New York: Berkley 2011, S. 498–502 (Endnoten: S. 552).

Charles Kenney, *John F. Kennedy. The Presidential Portfolio. History as told through the collection of the John F. Kennedy Library and Museum*, mit einer Einführung von Michael Beschloss, New York: Public Affairs 2000, S. 13–18 (Anmerkungen: S. 235).

David E. Koskoff, *Joseph P. Kennedy. A Life and Times*, Englewood Cliffs (USA): Prentice-Hall 1974, S. 376–378 (Endnoten: S. 591–592), S. 404–405 (Endnoten: S. 597).

Laurence Leamer, *The Kennedy Men. 1901–1963. The Laws of the Father*, New York: William Morrow 2001, S. 131–132 (Endnoten: S. 762), S. 133–134 (Endnoten: S. 762–763), S. 228–229 (Endnoten: S. 772), S. 283–284 (Endnoten: S. 277), S. 680–681 (Endnoten: S. 822).

Barbara Leaming, *Jack Kennedy. The Education of a Statesman*, New York/London: W.W. Norton 2007, S. 35, S. 63–94 (Endnoten:

S. 449–452), S. 164–181 (Endnoten: S. 459–461), S. 195–199 (Endnoten: S. 463), S. 433 (Endnoten: S. 489).

Bruce Lee, *JFK: Boyhood to White House [Boys' Life of John F. Kennedy*, 1961], New York: Crest 1964, S. 44–50, S. 90–91.

John Fitzgerald Kennedy ... As We Remember Him, herausgegeben unter der Leitung von Goddard Lieberson durch Joan Meyers mit Ira Teichberg als Art Director, New York: Atheneum 1965, S. 23–26, S. 28, S. 36, S. 46.

Peter J. Ling, *John F. Kennedy*, London/New York: Routledge 2013, S. 15, S. 16, S. 33.

Fredrik Logevall, *JFK. Coming of Age in the American Century, 1917–1956*, New York: Random House 2020, S. 139–148 (Anmerkungen: S. 673), S. 216–222 (Anmerkungen: S. 680), S. 400–407 (Anmerkungen: S. 697–698).

Jacques Lowe, *JFK Remembered*, New York: Random House 1993.

Richard D. Mahoney, *Sons & Brothers. The Days of Jack and Bobby Kennedy*, New York: Arcade 1999, S. 6.

Thomas Maier, *The Kennedys. America's Emerald Kings*, New York: Basic 2003, S. 130–132 (Anmerkungen: S. 610–611), S. 197–201 (Anmerkungen: S. 613–614), S. 298–299 (Anmerkungen: S. 618–621).

Chris Matthews, *Jack Kennedy. Elusive Hero*, New York: Simon & Schuster 2011, S. 29–33 (Endnoten: S. 415), S. 34–39 (Endnoten: S. 415–416), S. 69–74 (Endnoten: S. 419–420), S. 381–384 (Endnoten: S. 447).

Joe McCarthy, *The Remarkable Kennedys*, New York: Popular Library 1960.

David Michaelis, »Muckers. K. LeMoyne Billings/John F. Kennedy«, in: *The Best of Friends. Profiles of Extraordinary Friendships*, New York: William Morrow 1983, S. 125–189.

— »The President's Best Friend«, in: *American Heritage* 34:4 (1983), S. 12–27.

Charlotte Montague, *John F. Kennedy: The Life and Death of a US President*, New York: Chartwell Books 2017, S. 25–39.
Andrew Nagorski, *Hitlerland. American Eyewitnesses to the Nazi Rise to Power*, New York: Simon & Schuster 2012, S. 222–223 (Endnote: S. 355).
David Nasaw, *The Patriarch. The Remarkable Life and Turbulent Times of Joseph P. Kennedy*, New York: Penguin Press 2012, S. 263–264 (Endnote: S. 807), S. 377–379 (Endnoten: S. 812), S. 619 (Endnote: S. 822).
Michael O'Brien, *John F. Kennedy. A Biography*, New York: Thomas Dunne 2005, S. 87–102, S. 180–188.
Herbert S. Parmet, *Jack. The Struggles of John F. Kennedy*, New York: Dial Press 1980, S. 50–54 (Endnoten: S. 530), S. 61–66 (Endnoten: S. 531), S. 131–134 (Endnoten: S. 537).
Geoffrey Perret, *Jack. A Life Like No Other*, New York: Random House 2002, S. 51–61 (Endnoten: S. 406–407), S. 70–77 (Endnoten: S. 408), S. 129–133 (Endnoten: S. 414), S. 156 (Endnoten: S. 417), S. 160–164 (Endnoten: S. 417–418), S. 386–387 (Endnoten: S. 442).
David Pitts, *Jack and Lem: John F. Kennedy and Lem Billings. The Untold Story of an Extraordinary Friendship* (2007), New York: Da Capo 2008, S. 52–67 (Endnoten: S. 329), S. 68–75 (Endnoten: S. 329–330), S. 105–113 (Endnoten: S. 330–331).
Alan Posener, *John F. Kennedy* (1991), Reinbek: Rowohlt 2000, S. 20–21, S. 26–29 (Endnoten: S. 140), S. 36, S. 100–104 (Endnoten: S. 145).
Harvey Rachlin, *The Kennedys. A Chronological History, 1823–Present*, New York: World Almanac 1986, S 70, S. 75–77, S. 93–97.
Richard Reeves, *President Kennedy: Profile of Power*, New York: Simon & Schuster 1993, S. 533–537 (Endnoten: S. 738–739).
Thomas C. Reeves, *A Question of Character. A Life of John F. Kennedy*, London: Arrow 1992, S. 46–47 (Endnoten: S. 431), S. 47–51 (End-

noten: S. 431), S. 74–76 (Endnoten: S. 434), S. 77–78 (Endnote: S. 434), S. 399 (Endnoten: S. 488).

Edward J. Renehan, *The Kennedys at War, 1937–1945*, New York: Doubleday 2002, S. 10–11 (Endnoten: S. 322), S. 81–107 (Endnoten: S. 326–327).

Robert von Rimscha, *Die Kennedys. Glanz und Tragik des amerikanischen Traums*, Frankfurt: Bastei Lübbe 2001, S. 87–93, S. 118–121, S. 183–186.

Georg Schild, *John F. Kennedy. Mensch und Mythos*, Göttingen/Zürich: Muster-Schmidt 1997, S. 15–16.

Arthur M. Schlesinger, *A Thousand Days. John F. Kennedy in the White House* (1965), New York: Mariner 2002.

Gene Schoor, *Young John Kennedy*, New York: Macfadden-Bartell 1963, S. 77–78, S. 83–86, S. 154–156.

Marc J. Selverstone, *A Companion to John F. Kennedy*, Hoboken: Wiley & Sons 2014.

Susan Sontag, »Fascinating Fascism« (1974), in: *Under the Sign of Saturn*, New York: Anchor 1991, S. 71–105.

Ted Sorensen, *Kennedy. The Classic Biography* (1965), New York: Harper Perennial 2009, S. 600–601.

— *Counselor. A Life at the Edge of History*, New York: Harper Perennial 2009, S. 323–325.

Will Swift, *The Kennedys Amidst the Gathering Storm. A Thousand Days in London 1938–1940*, London: JR 2008, S. 169–187 (Endnoten: S. 330–331).

Klaus A. Uellenberg, *John F. Kennedy in der amerikanischen Literatur*, Frankfurt u. a.: Peter Lang 2011.

Robert G. Waite, »›Ish bin ein Bearleener‹ – JFK's 26 June 1963 Visit to Berlin: The Views from East Germany«, in: *Journal of Contemporary History* 45:4 (2010), S. 844–865.

Gerald Walker und Donald A. Allan, »Jack Kennedy at Harvard«, in: *Coronet* 50:1 (Mai 1961), S. 82–95.

Max Wallace, *The American Axis. Henry Ford, Charles Lindbergh, and the Rise of the Third Reich*, New York: St. Martin's Press 2003, S. 77 (Endnoten: S. 424), S. 249.

Ursula und Otto Weil, *John F. Kennedy. Der 35. Präsident der USA*, Berlin (DDR): Der Morgen 1965, S. 66–84, S. 107–109, S. 237–242.

Richard J. Whalen, *The Founding Father. The Story of Joseph P. Kennedy*, New York: New American Library 1964, S. 260–269 (Endnoten: S. 510–511), S. 392.

Mark White, »Apparent Perfection: The Image of John F. Kennedy«, in: *History* 98:2 (2013), S. 226–246.

Chuck Wills, *Jack Kennedy. The Illustrated Life of a President*, San Francisco: Chronicle 2009, S. 23–29, S. 30–37, S. 62–63, S. 146–148.

Garry Wills, *The Kennedy Imprisonment: A Meditation on Power* (1981), Boston/New York: Mariner 2002, S. 32.

Uwe Wittstock, »Als John F. Kennedy mal Anhalter mitnahm«, in: *Argonautenschiff* 26 (2018), S. 149–150.

Alfred Wright, »A Modest All-America Who Sits on the Highest Bench« (Byron White), in: *Sports Illustrated*, 10. Dezember 1962, S. 85–98, hier: S. 90–91.

Abbildungsverzeichnis

übersetzt von Olaf Roth und Petra Claussen, Berlin: Phaidon 2003, S. 22.)

S. 56–57: Kennedy jongliert. (S. 56: Chuck Wills, *Jack Kennedy. The Illustrated Life of a President*, San Francisco: Chronicle 2009, S. 29.)

S. 58–61: Kennedy, Billings und Dackel »Offie«. (S. 58: Chuck Wills, *Jack Kennedy. The Illustrated Life of a President*, San Francisco: Chronicle 2009, S. 27.)

S. 62: Kennedy in Den Haag.

S. 63: Kennedy am Strand von Ostende.

S. 64: Entladung des Autos in Dover.

S. 65: Kennedy in London. (Yann-Brice Dherbier und Pierre-Henri Verlhac, *John Fitzgerald Kennedy. Ein Leben in Bildern*, übersetzt von Olaf Roth und Petra Claussen, Berlin: Phaidon 2003, S. 22.)

S. 66–69: John F. Kennedy, *European Diary*, Juli–September 1937: Umschlagbild, erster Eintrag und zwei Einträge aus Deutschland (20. August 1937, 22. August 1937).

S. 70–75: Kirk LeMoyne Billings, Reisealbum 1937: Einträge aus Deutschland vom 19. und 20. August 1937 [S. 62]; vier Seiten aus Deutschland vom 17.–23. August 1937 [S. 58, 61, 65 und 66]; Scherenschnitte aus Paris [S. 91], Mussolini-Bild [S. 56].

S. 187: John F. Kennedy mit seinem Vater, Joseph P. Kennedy. *John Fitzgerald Kennedy ... As We Remember Him*, herausgegeben unter der Leitung von Goddard Lieberson durch Joan Meyers mit Ira Teichberg als Art Director, New York: Atheneum 1965, S. 24.

S. 188: John F. Kennedy mit einem Exemplar seines Buches *Why England Slept* (1940). *John Fitzgerald Kennedy ... As We Remember Him*, herausgegeben unter der Leitung von Goddard Lieberson durch Joan Meyers mit Ira Teichberg als Art Director, New York: Atheneum 1965, S. 35.

S. 189: Kennedy besucht mit dem Marineminister der USA, James Forrestal, Ende Juli 1945 Berlin. *The Forrestal Diaries*, herausgegeben von Walter Millis mit E. S. Duffield, New York: Viking 1951, Bildteil vorne [S. 4].

S. 190: Besichtigung der Ruine der Neuen Reichskanzlei mit James Forrestal. John F. Kennedy Presidential Library and Museum, Boston.

S. 191: Begegnung auf dem Frankfurter Flughafen zwischen Maxwell Taylor, Dwight D. Eisenhower und James Forrestal; im Hintergrund John F. Kennedy und Seymour St. John. *John Fitzgerald Kennedy ... As We Remember Him*, herausgegeben unter der Leitung von Goddard Lieberson durch Joan Meyers mit Ira Teichberg als Art Director, New York: Atheneum 1965, S. 46.

Zeittafel John F. Kennedy

29.5.1917	Geburt in Brookline, Massachusetts
1931–1935	Choate School, Connecticut
	Freundschaft mit Kirk LeMoyne Billings (1916–1981)
Sommer 1935	London School of Economics
	Heimkehr aus gesundheitlichen Gründen
Herbst 1935	Immatrikulation in Princeton
	Abbruch aus gesundheitlichen Gründen
1936–1940	Studium in Harvard/College

1937 – Europa-Reise

1.–7.7.	Überfahrt auf der SS Washington
7.7.	Le Havre, Rouen, Beauvais
8.7.	Soissons, Chemin des Dames, Reims
9.7.	Reims, Fort de la Pompelle, Pomperney, Château Thierry, Paris
10.–17.7.	Paris, Fontainebleau, Versailles
17.7.	Paris, Versailles, Chartres, Orléans
18.7.	Orléans, Chambord, Blois, Amboise
19.7.	Amboise, Chenonceau, Tours, Poitiers, Angoulême
20.7.	Angoulême, St. Jean-de-Luz
21.–26.7.	St. Jean-de-Luz, Biarritz, spanische Grenze
27.7.	St. Jean-de-Luz, Lourdes, Toulouse
28.7.	Toulouse
29.7.	Toulouse, Carcassonne, Cannes
30.7.	Cannes
31.7.	Cannes, Nizza, Monte Carlo
1.8.	Monte Carlo, Savona

2.8.	Savona, Genua, Mailand
3.8.	Mailand, Piacenza
4.8.	Piacenza, Pisa
5.–7.8.	Rom
8.8.	Rom, Neapel, Pompeji, Vesuv
9.8.	Capri, Rom
10.–11.8.	Rom
12.8.	Rom, Florenz
13.8.	Florenz, Venedig
14.–15.8.	Venedig
16.8.	Venedig, Innsbruck
17.8.	Innsbruck, Garmisch, Oberammergau, München
18.8.	München
19.8.	München, Nürnberg
20.8.	Nürnberg, Württemberg
21.8.	Württemberg, Frankfurt, Köln
22.8.	Köln, Doorn, Utrecht, Amsterdam
23.8.	Amsterdam, Den Haag
24.8.	Den Haag, Antwerpen, Gent
25.8.	Gent, Ostende, Calais, Boulogne, London
26.8.–1.9.	London
2.9.	London, Herstmonceux Castle
3.9.	Herstmonceux Castle
4.9.	Kinross-shire

1938	Sommerferien mit der Familie in Frankreich

1939 – Europa-Reise

Februar	Überfahrt nach England
	London

März	Sekretär des Vaters
	Rom
April	Paris, Val d'Isère
Mai	Danzig, Warschau
	Sowjetunion, Türkei, Palästina
Juni	London
Juli	Frankreich, Italien, Deutschland
August	Côte d'Azur, München, Wien, Prag, Berlin, London
September	London, Glasgow
1940	Studienabschluss in Politikwissenschaft
	Abschlussarbeit: »Appeasement at Munich«
	Publikation: »Why England Slept«
1940–1941	Beginn eines Studiums in Stanford
1941	Südamerika-Reise
1941–1945	Militärdienst in der US-Marine
1943	Untergang von »PT 109«
1944	Tod des älteren Bruders Joe
Juni 1945	Korrespondent bei der Gründungsversammlung der Vereinten Nationen in San Francisco

1945 – Europa-Reise

Juni–Juli	England
	Irland
	Paris
28.7.–2.8.	Potsdam, Berlin
	Bremen, Bremerhaven
	Frankfurt
	Salzburg, Berchtesgaden, Obersalzberg

1946	Wahlkampf, Wahl in den Kongress
1947–1953	Repräsentantenhaus
1948	Europa- und Deutschlandreise
1951	Europa- und Deutschlandreise
1953–1960	Senat
1960	Vorwahlen, Wahlsieg gegen Richard Nixon
1961–1963	35. Präsident der USA
3.–4. 6. 1961	Gipfel mit Chruschtschow in Wien
23.–26. 6. 1963	Deutschland-Besuch
26. 6. 1963	Berliner Rede
22. 11. 1963	Ermordung in Dallas

Kurzbiographien

John Fitzgerald Kennedy (1917–1963), kurz John F. Kennedy, später häufig nur nach seinen Initialen JFK genannt, war als Politiker der Demokratischen Partei von 1961 bis 1963 der 35. Präsident der Vereinigten Staaten von Amerika. In seine Amtszeit während der Hochphase des Kalten Krieges fielen historische Ereignisse wie die Invasion in der Schweinebucht, die Kubakrise, der Bau der Berliner Mauer, der Beginn der bemannten Raumfahrt, die Eskalation des Vietnamkriegs sowie die afroamerikanische Bürgerrechtsbewegung. Wegen seines jungen Alters und seines Charismas verkörperte er als Präsident für viele die Hoffnung auf eine Erneuerung der USA. Die Hintergründe seiner Ermordung 1963 sind bis heute umstritten. Als junger Mann reiste Kennedy dreimal nach Nazi-Deutschland: 1937, 1939 und 1945. Seine privaten Aufzeichnungen über diese Reisen wurden zeitlebens nie veröffentlicht. Nun liegt sein Tagebuch von 1937 erstmals zusammen mit dem Tagebuch seines Freundes und Reisebegleiters Lem Billings in deutscher Übersetzung vor.

Kirk LeMoyne Billings (1916–1981), genannt »Lem«, war ein Schulfreund von John F. Kennedy und blieb zeitlebens dessen enger Vertrauter. Gemeinsam unternahmen die beiden als Studenten im Sommer 1937 eine ausgedehnte Europa-Reise von Frankreich über Italien, Österreich, Deutschland, die Niederlande und Belgien bis nach England. Sie führten dabei Tagebücher, die hier erstmals zusammen veröffentlicht werden. Nach seinem Studium an der Princeton University und der Harvard Business School arbeitete Lem Billings als Geschäftsmann und in der Werbung. Er unterstützte Kennedy bei dessen Wahlkämpfen sowie in verschiedenen Funktionen während der Präsidentschaft.

Der Herausgeber **Oliver Lubrich** ist Professor für Komparatistik an der Universität Bern. Er schrieb über *Shakespeares Selbstdekonstruktion* und *Postkoloniale Poetiken*. Mit Primatologinnen und Ethnologen untersuchte er *Die Affekte der Forscher*, mit Neurowissenschaftlern unternahm er Labor-Studien zur experimentellen Rhetorik. Er gab zahlreiche Werke von Alexander von Humboldt heraus, unter anderem *Zentral-Asien* und die *Sämtlichen Schriften*. In *Reisen ins Reich, 1933–1945* und *Berichte aus der Abwurfzone, 1939–1945* dokumentierte er die Zeugnisse internationaler Autoren aus Nazi-Deutschland, zum Beispiel von Virginia Woolf, Albert Camus, Jean Genet und Samuel Beckett. Zu seinen neuesten Veröffentlichungen zählen *Thomas Wolfe – Eine Deutschlandreise* und *Humboldt oder Wie das Reisen das Denken verändert*.

Dank

Der Herausgeber dankt Stephen Plotkin, Sharon Kelly und Maryrose Grossman von der John F. Kennedy Presidential Library in Boston sowie Tracy Potter und Elaine Grublin von der Massachusetts Historical Society in Boston für ihre Unterstützung; Robert Kennedy jr. für seine Genehmigung zur Nutzung der Billings Papers; Nigel Hamilton, Autor von *JFK – Reckless Youth* (1992), Robert Dallek, Autor von *An Unfinished Life. John F. Kennedy, 1917–1963* (2003), und David Pitts, Autor von *Jack and Lem. The Untold Story of an Extraordinary Friendship* (2007), für ihre kollegialen Auskünfte; Sabine Hesse (Köln) für eine frühe Inspiration; Rex Clark, Germanist in Boston, für seine spontane Hilfsbereitschaft und Beiträge zur Entzifferung des Billings-Manuskripts; Sven Weber, Kennedy-Spezialist in Biel, für anregende Gespräche; Thomas Nehrlich in Bern für wertvolle Hinweise; Hans-Joachim Neubauer (Berlin) für seine klugen Ratschläge; Alexandra Just (Bern) für zusätzliche Recherchen; Yahya Elsaghe (Bern) für seine kritische Lektüre; Carina Tessari (Berlin) für ihre ebenso genauen wie lesbaren Übersetzungen; dem Aufbau Verlag (Berlin) für die Zusammenarbeit bei der Ausgabe von John F. Kennedy, *Unter Deutschen. Reisetagebücher und Briefe, 1937–1945* (2013) sowie für die Erlaubnis, Material aus diesem Band neu zu verwenden; und Albert Eibl als Verleger in Wien für sein Engagement für die vorliegende Ausgabe.

Kolophon

Auf der Reise durch Europa, die er im Sommer 1937 zusammen mit seinem Schulfreund Lem Billings unternahm, führte John F. Kennedy ein Journal, das er selbst nie veröffentlichte: ein geheimes Tagebuch. Das Original befindet sich in der John F. Kennedy Presidential Library in Boston. Der Abschnitt zu Nazi-Deutschland erschien in *Travels in the Reich, 1933–1945. Foreign Authors Report from Germany*, herausgegeben von Oliver Lubrich, 2010 in der University of Chicago Press, S. 159–161. Die Übersetzung von Carina Tessari erschien zuerst in John F. Kennedy, *Unter Deutschen. Reisetagebücher und Briefe, 1937–1945*, herausgegeben von Oliver Lubrich, 2013 im Aufbau Verlag, S. 59–127. Sie wurde für die vorliegende Ausgabe überarbeitet. Kennedys Tagebuch wird hier zum ersten Mal zusammen mit dem Tagebuch, das Lem Billings auf derselben Reise führte, herausgegeben. Ausgewählte Fotos dokumentieren die Reise von Kennedy und Billings durch Europa und Deutschland im Jahr 1937 sowie Kennedys weitere Reisen der Jahre 1939 und 1945. Die Buchgestaltung lag in den Händen von Leandra Eibl und Kevin Mitrega.